家庭农场建设指南

李　昀　主编

群言出版社
QUNYAN PRESS
·北京·

图书在版编目（CIP）数据

家庭农场建设指南 / 李昀主编 ; 杨志臣等副主编.
北京 : 群言出版社, 2025. 8. -- ISBN 978-7-5193
-1119-3

Ⅰ. F324.1-62

中国国家版本馆 CIP 数据核字第 2025T18S72 号

策划编辑： 孙平平
责任编辑： 孙华硕
封面设计： 尚丞印刷

出版发行： 群言出版社
地　　址： 北京市东城区东厂胡同北巷 1 号（100006）
网　　址： www.qypublish.com（官网书城）
电子信箱： qunyancbs@126.com
联系电话： 010-65267783　65263836
经　　销： 全国新华书店

印　　刷： 北京九天万卷文化科技有限公司
版　　次： 2025 年 8 月第 1 版
印　　次： 2025 年 8 月第 1 次印刷
开　　本： 710mm × 1000mm　1/16
印　　张： 10.125
字　　数： 166 千字
书　　号： ISBN 978-7-5193-1119-3
定　　价： 69.00 元

《家庭农场建设指南》
编 委 会

主　编　李　昀

副主编　杨志臣　时　朝　杨学军

编　委　徐超凡　王鑫博

序

家庭是国家的基本组成单位，家庭和谐幸福，国家就能长治久安；家庭殷实有余，国家就能兴旺强盛；家庭农场红火起来，就能促进国力强大，不怕任何挑战。

家庭犹如健康人的细胞，细胞无菌无毒，人才能健康长寿；伟大祖国是由若干个家庭组成的，家家户户和谐美满，国家一定会兴旺强盛。如要让千万个家庭农场兴旺起来，农村振兴起来，广大农民富裕起来，其重大而深远的意义及价值是需要认真思索和深入挖掘的，简要说来主要有以下几个方面。

首先，家庭农场建设是国家发展战略的重要组成部分。国家是由千万个家庭组成的，这些家庭，特别是农村家庭如果搞好家庭农场，不单是家庭收入会有大幅度增加，而且是国民经济的有力补充。小河有水大河满，大小河流汇集，江河方能日夜奔涌。绿水青山财源广，方能实现江山如此多娇！

其次，家庭农场建设兴旺起来，乡村必振兴，农民生活必然会有个翻天覆地的变化。中国改革开放之后，城市兴旺起来了，而中国再次兴旺强大在农村、在农村中千万个家庭、在正在兴盛起来的家庭农场。国家出台若干政策促进家庭农场发展，这是党和国家的英明战略部署，可以预见乡村振兴、国家强大的辉煌明天！

最后，家庭农场建设兴旺起来，传统农民会有质的升华，每个家庭农场中都会涌现出一专多能、多专多能的能手和干将，他们拿起锄头能种经济作物，拿起锤子能把农场变工厂，操作电脑能进行数字化运作，策划设计起来能高瞻远瞩，成为时代的佼佼者。家庭农场就是昔日的抗日军政大学，相信经过家庭农场建设培育出的千万斗士，一定能在百年不遇的历史变革中无往而不胜，成为第二个百年奋斗目标新征程中的英雄好汉！

雄关漫道真如铁，而今迈步从头越。北京市农林科学院携手同人、踏歌前行，在党中央和习总书记的坚强领导下，在乡村振兴的伟业蓝图里定能书写好家庭农场建设这浓墨重彩的华章。

王春城

2024年12月13日

* 王春城，北京市农林科学院原副院长。

前　言

在新时代中国特色社会主义思想指导下，北京市农林科学院始终以“服务三农、科技兴农”为己任，深入贯彻落实乡村振兴战略部署，将家庭农场建设作为新时代农业科研创新的重要课题。秉持“立足首都、带动区域、面向全国”的发展定位，我院科研团队深耕京郊沃土十余载，通过建立多层次试验示范基地，构建起理论研究、技术集成与实践验证相结合的创新体系，形成具有首都特色的家庭农场发展范式。

本书作为国内首部系统性家庭农场建设指导文献，凝结着政、产、学、研协同创新的智慧结晶。在北京市农业农村局的专业指导下，三十余家标杆农场的实践案例经过科学提炼，转化为可推广、可复制的标准化方案。在此，谨向提供鼎力支持的政府部门领导、贡献实践智慧的农场经营者，以及奋战在乡村振兴一线的基层工作者致以诚挚的谢意。

全书构建了“理论—政策—实践”三维框架：在理论维度，创新性地提出家庭农场发展评估模型；在政策维度，系统梳理从国家到地方的政策体系并做精准解读；在实践维度，首创“规划建设—运营管理—效益提升”全链条解决方案，特别设置“京郊经验”专栏，通过解剖多个典型农场案例，全景展现种养结合、农旅融合等创新模式。书中所列举数据皆来源于实际调研及相关参考文献。

作为新型农业经营体系建设的行动指南，本书既可为政府部门决策提供参考，也可为经营主体发展提供实操手册，更能为科研机构深化研究提供理论支撑。鉴于现代农业发展的动态性特征，我们热忱期待各界同人提出宝贵意见，共同推动家庭农场建设理论体系与实践模式的持续完善。

《家庭农场建设指南》编委会

2024年12月13日

目　录
Contents

第1章

家庭农场界定、政策研究及战略意义

第1节　“家庭农场”的定义及我国家庭农场的起源与发展

1.维基百科的“家庭农场”定义

根据维基百科的阐释，家庭农场是由单一家庭拥有并运营的农业实体，这种经营模式往往具有世代传承的特点，构成了人类历史上多数时期及当前众多发展中国家农业经济的基础。

2.国外“家庭农场”的界定

家庭农场作为一个源自欧美的概念，在现代英语语境中，通常与“farm”一词相对应，泛指任何规模的农业经营单位所占有的全部土地，涵盖牧场、农庄、农田等多种形态。在全球范围内，无论是传统农业国、转型国家还是城市化国家，家庭农场始终占据着农业生产经营组织的主导地位。尤其在荷兰、日本等土地资源相对匮乏而人口密集的国家，家庭农场更是推动农地规模化、农业集约化经营，实现土地深度开发和节约用地的重要模式之一。鉴于各国农业资源禀赋的差异，国外对家庭农场的内涵及特征的理解虽有所不同，但普遍倾向于宽泛界定，将其视为以家庭经营为核心的农业专业化“企业”，构成农业系统的基础和核心经营主体。此类家庭农场通常需满足以下四大共性认定标准。

（1）专注于生产商品化农产品，以追求利润最大化为首要目标，且农产品生产和销售成为其主要收入来源。

（2）坚守家庭经营的主体地位，农场经营者自主负责农场的运营与管理，劳动力构成以农村家庭成员为主。

（3）以农场经营者自有土地为生产基石，保持相对稳定的生产经营规模，并达到一定的经济规模。

(4) 农场经营者需公开承诺对当地自然生态环境、农产品质量安全及生物多样性保护等方面承担责任。

在美国法律体系中，家庭农场被定义为一种能够生产并销售足够数量的农产品以获取社区认可的农业实体。此类农场需具备足够的盈利能力（包括可能的非农收入），以覆盖家庭开支、农场运营成本、债务偿还及不动产维护。农场应由经营者直接管理，且经营者及其家庭成员需贡献大量劳动力。在农忙季节，农场可雇用兼职劳工，并维持合理数量的全职员工队伍。

3. 国内官方及普遍认知下的“家庭农场”定义

在国内，家庭农场被正式定义为一种新型农业经营主体，其主要特征包括：以家庭成员作为核心劳动力，依托家庭承包或流转所得的土地资源，从事规模化、集约化、商品化的农业生产活动，并且，农业经营收入构成了家庭的主要经济来源。

4. 我国家庭农场的起源与发展

我国家庭农场的发展历程及政策演变体现了我国农业现代化进程中的制度创新与理论探索。通过系统梳理相关政策和学术研究，可以清晰把握家庭农场在我国农业转型中的战略定位与发展脉络。

4.1 政策演进的三阶段

(1) 概念萌芽期（1984—2007年）

①1984年中央文件首次提出“家庭农场”概念，在计划经济框架下界定为国营农场的补充形式；

②强调“家庭经营、定额上交、自负盈亏”的运营机制；

③确立全民所有制下的双轨制农业经营体系。

(2) 理论建构期（2008—2012年）

①党的十七届三中全会将家庭农场纳入规模经营主体范畴；

②学术界围绕“现代化经营主体”展开多维定义：蒋辉提出“三化”特征（规模化、现代化、企业化）；高帆强调要素组合与收入结构；高强等构建“新型微观经济组织”理论框架。

③形成“家庭经营＋现代要素”的核心共识。

（3）制度完善期（2013—2018年）

①中央一号文件连续7年将家庭农场列为新型经营体系的核心；

②政策体系逐步完善：2014年农业部指导意见确立10大发展维度；

③2018年提出“两类主体”培育计划，形成“家庭农场+合作社”双轮驱动模式。

4.2 发展现状的关键矛盾

（1）土地制度约束：承包权、经营权、所有权的三权分置改革仍需深化；

（2）规模效益悖论：适度规模经营的“度”在区域差异中的科学界定难题；

（3）代际传承困境：新型职业农民培育与青年劳动力流失的结构性矛盾；

（4）产业链整合度：87%的家庭农场仍停留在生产端，加工销售环节参与不足。

5. 国际经验的差异化借鉴路径

（1）北美模式：借鉴美国大型家庭农场的机械化与信息化经验（平均规模178公顷）；

（2）欧洲模式：学习法国中小型农场的生态化与品牌化路径（CSA模式覆盖率29%）；

（3）东亚模式：参照日本“六次产业化”实践（农产品加工转化率超70%）及中国台湾精致农业经验。

6. 发展趋势与政策建议

（1）数字化转型：推动5G、物联网技术在适宜领域应用；

（2）绿色认证体系：建立覆盖农业生产全过程的碳排放监测机制；

（3）金融创新：试点土地经营权抵押证券化产品；

（4）社会化服务：构建县域农业综合服务中心网络（2025年覆盖率目标90%）；

（5）三产融合：发展“农业+”新业态，提升附加值30%以上。

值得关注的是，当前我国家庭农场平均经营规模为8.7公顷，仅为美国的约1/20，但土地产出率已达世界平均水平的2.3倍。这种“小而精”的发展路径既体现了我国人多地少的基本国情，也预示未来我国家庭农场应走质量效益型而非简单规模扩张的道路。政策设计需在保障粮食安全与促进农民增收之间寻求动态平衡，通过制度创新释放要素活力，最终实现传统农业向现代农业的质的飞跃。

第2节　家庭农场政策扶持模式

1. 金融政策支持路径

家庭农场作为新型农业经营主体，获得国家多种途径的金融政策支持。

（1）金融创新与信贷支持：鼓励金融机构创新产品，优化利率和流程，重点支持农业生产资料购置、土地承包经营权受让、农田水利建设等用途；对经营规范、收益稳定的家庭农场优先提供信贷支持。

（2）低成本融资：贷款利率低于同类平均水平，禁止附加收费或搭售理财产品。

（3）灵活贷款期限：短期流动资金贷款（1年以内）、中长期贷款（1—3年）、农业项目贷款（3年以上），其中林果种植项目贷款最长可达10年，允许展期。

（4）高额度贷款：种植业贷款额度最高为投入资金的70%，其他领域为60%，单户最高可达1000万元。

（5）多样化担保方式：按经营类型拓宽抵押物范围，如农机具抵押、土地流转收益保证、畜禽产品抵押等。

（6）土地经营权抵押试点：推动农村土地承包经营权抵押贷款业务，配置专项信贷资源。

2. 家庭农场的扶持模式

2.1 上海松江模式

（1）现金补贴：农资综合直补76元/亩，水稻种植补贴150元/亩，土地流转费补贴100元/亩（80—200亩为标准），考核补贴100元/亩（分两次考核），绿肥种植补贴200元/亩。

（2）物化补贴：药剂22.5元/亩，水稻良种补贴（常规稻16元/亩、杂交稻25元/亩），二麦种子35元/亩，绿肥种子实物发放。

2.2 吉林延边模式

（1）贷款贴息，享受国家农业财政补贴；

（2）扩大农机购置补贴（水田/蔬菜/经济作物种植50公顷以上、旱田100公顷以上可补贴5台农机）；

（3）农作物保险补贴、税收优惠；

（4）允许使用集体建设用地建设生产经营性设施。

2.3 江苏溧阳模式

（1）财政扶持：每年培育30家市级示范家庭农场，每户奖补≥5万元；省级、常州市级示范农场额外奖励2万元、1万元。对农业龙头企业、农产品认证（如绿色食品、有机食品）、名优商标等给予1万—20万元奖励。

（2）税费优惠：家庭农场销售自有农产品免征增值税，农业所得税减免；龙头企业农业生产用水免征或减半征收水资源费，电价优惠，检测费用减免。

（3）金融与用地支持：推动土地承包经营权、林权等抵押贷款；安排新增建设用地计划支持扩建、新建项目。

2.4 小结

国家通过金融创新、低成本融资和多样化担保支持家庭农场发展，地方则通过现金补贴、税费减免、专项奖励等方式强化扶持。不同地区的模式各有侧重（如松江侧重直接补贴，延边强化农机和保险，溧阳注重财政奖励和金融创新），为家庭农场提供多层次保障，推动农业规模化、现代化发展。

3. 各地家庭农场扶持政策

3.1 北京市扶持政策

北京市对家庭农场的扶持内容全面且深入，旨在推动家庭农场的高质量发展，充分发挥其在现代农业产业和新型农业经营体系中的重要作用。下文将详细阐述北京市对家庭农场的扶持内容，展现其强大的支持力度。

北京市高度重视家庭农场的培育与发展，为此，北京市农业农村局联合相关部门，制定并实施了多项扶持政策。这些政策不仅涵盖了家庭农场的注册登记、名录管理，还涉及了土地经营权保障、技术支持、财政奖补等多个方面，为家庭农场的发展提供了全方位的支持。

在注册登记和名录管理方面，北京市简化了家庭农场的注册流程，并建立了完善的名录管理制度，确保家庭农场能够便捷地完成注册，并在全国家庭农场名录系统中拥有其完整的信息。这不仅提高了家庭农场的运营效率，也为后续的政策扶持和监管提供了便利。

在土地经营权保障方面，北京市依法保障了家庭农场的土地经营权，鼓励家庭农场通过土地流转等方式扩大经营规模，实现规模效益。这一政策为家庭农场提供了稳定的土地来源，保障了其长期发展的基础。

在技术支持方面，北京市鼓励家庭农场运用新品种、新技术、新模式，提高生产经营活动的科技含量。同时，北京市还通过购买社会化服务等方式，为家庭农场提供高水平的农业社会化服务，帮助其提升生产效率和产品质量。

在财政奖补方面，北京市设立了专项扶持资金，对符合条件的家庭农场进行财政奖补。此外，北京市还通过项目扶持等方式，支持家庭农场开展种植、养殖、农村电商、休闲旅游等多元化经营，拓展其增收渠道。

除了上述扶持政策外，北京市还注重发挥市级示范家庭农场的示范作用。通过定期开展市级示范家庭农场的评定工作，北京市选拔出一批发展理念新、产品质量优、经营效益好、技术水平高、带动能力强的家庭农场，并将其作为全市的榜样进行推广。这不仅激发了家庭农场的发展活力，也带动了周边农户的增收致富。

综上所述，这些政策为家庭农场的发展提供了有力的保障和支持，推动了家庭农场的高质量发展。未来，随着政策的不断完善和落实，北京市的家庭农场必将迎来更加广阔的发展前景。

3.2 上海市扶持政策

上海市作为中国经济的重要引擎和现代农业的先锋，始终致力于推动家庭农场的高质量发展。为了保障家庭农场的健康发展，维护其合法权益，并充分发挥其在农业经营中的主体作用，上海市政府出台了一系列强有力的扶持政策。

上海市农业农村委员会根据财政部、农业农村部的相关通知和要求，制定了详细的家庭农场扶持政策。这些政策不仅涵盖了生产经营能力的提升，还包括服务中心的建设、财务管理规范、制度健全有效、生产服务优质、联农带农紧密以及社会声誉良好等多个方面。

在生产经营能力方面，上海市大力支持家庭农场实行标准化生产，改善生产设施条件，并推广应用新品种、新技术、新装备。同时，鼓励家庭农场利用信息化工具提升组织运行规范化水平，实现生产经营的独立核算。此外，上海市还鼓励以家庭农场为主要成员组建农民合作社，开展统一的生产经营服务，以进一步提高生产效率和经济效益。

为了支持家庭农场的发展，上海市还设立了新型农业经营主体服务中心。这些服务中心通过政府购买服务的方式，为家庭农场提供规范运营、财务会计、市场营销、信息服务、信贷保险等全方位的辅导服务。这不仅丰富了面向新型农业经营主体的公共服务供给，还满足了家庭农场等新型农业经营主体的共性发展需求。

在资金扶持方面，上海市安排了中央转移支付资金，专门用于支持家庭农场和农民合作社的发展。这些资金通过以奖代补的方式，对符合条件的家庭农场和农民合作社给予支持。同时，各涉农区还可以结合实际，统筹安排区级财政资金予以配套支持。这种多元化的资金支持方式，为家庭农场的发展提供了坚实的资金保障。

值得一提的是，上海市还非常注重发挥家庭农场的示范引领作用。通过评定市级示范家庭农场，上海市不仅树立了一批优秀的家庭农场典型，还为其提供了优先享受相关项目、贷款担保、贷款贴息等支农政策的待遇。这不仅激励了更多家庭农场向更高标准看齐，还推动了整个行业的健康发展。

综上所述，上海市对家庭农场的扶持政策涵盖了多个方面，从生产经营能力的提升到服务中心的建设，从资金扶持到示范引领，都体现了上海市政府对家庭农场发展的高度重视和坚定支持。这些政策的出台和实施，必将为上海市家庭农场的高质量发展注入新的动力，推动农业增效、农民增收和农村发展，为实现乡村振兴战略贡献更大的力量。

3.3 广东省扶持政策

广东省在家庭农场发展方面，出台了一系列强有力的扶持政策，旨在推动家庭农场的高质量发展，提高农业适度规模经营水平，为构建现代农业经营体系、加快实现农业农村现代化提供有力支撑。以下是对这些政策的详细解析。

（1）政策支持力度大，覆盖面广

广东省农业农村厅积极响应国家号召，深入实施“百县千镇万村高质量发展工程”，并制定了《广东省新型农业经营主体能力提升（标杆家庭农场和标杆农民专业合作社培育）三年行动实施方案（2024—2026年）》。该方案明确提出，要选育标杆家庭农场和标杆农民专业合作社各1000个，通过项目支持、政策扶持等方式，为全省家庭农场和合作社树立可学可及的标杆。

（2）选育程序严格，标准明确

广东省在家庭农场和标杆合作社的选育上，采取了市县推荐、培育、认定的方式，确保选育出的家庭农场和合作社具备管理先进、生产集约、规模适度、多元经营、效益显著等特点。选育标准包括人员稳定、制度规范、设施完善、规模适度、质量安全、服务带动等多个方面，确保选育出的家庭农场和合作社能够真正起到示范引领作用。

（3）政策赋能，强化指导服务

对于入选的家庭农场和合作社，广东省农业农村厅将采取项目支持和政策赋能的方式，进行为期三年的支持培育。政策赋能方面，将强化对入围的家庭农场和合作社的指导服务，将其列为农业科技特派员、“12221”市场营销体系、农民合作社服务中心等的重点支持和服务对象，其负责人也将被列入省农村职业经理人、乡村产业振兴带头人的重点培育对象。

（4）资金支持力度大，使用方式灵活

在资金支持方面，广东省农业农村厅设立了专项扶持资金，用于支持家庭农场和合作社的发展。资金支持方式包括直接补助、政府购买服务等多种方式，确保资金能够精准、高效地投入到家庭农场和合作社的发展中。同时，资金拨付也采取分阶段拨付的方式，先行拨付补助资金的

80%，待完成建设任务后再拨付剩余的20%，以确保资金使用的规范性和有效性。

（5）推动示范创建，强化宣传培训

广东省还积极推动家庭农场的示范创建工作，加强示范家庭农场创建和评定工作，推荐符合条件的家庭农场申报省市级示范家庭农场。同时，加强宣传和培训力度，营造良好社会舆论氛围，鼓励各类人才创办家庭农场，制定培训计划并加大对家庭农场主的培训力度。

综上所述，广东省在家庭农场发展方面出台了一系列强有力的扶持政策，从政策支持、选育程序、政策赋能、资金支持到示范创建和宣传培训等多个方面进行了全面布局和规划。这些政策的实施将为广东省家庭农场的高质量发展提供有力保障和支撑。

3.4 河北省扶持政策

河北省作为中国北方的农业大省，一直致力于推动农业现代化和乡村振兴。为了实现这一目标，河北省政府出台了一系列针对家庭农场的扶持政策，旨在促进家庭农场的高质量发展，提升农业生产经营的规模化、专业化、集约化水平。

河北省对家庭农场的扶持力度是空前的。以2024年的中央财政支持项目为例，河北省农业农村厅根据《2024年中央财政第二批农业转移支付项目实施方案》的相关要求，制定了详细的实施方案。该方案明确，这些支持对象必须是纳入全国家庭农场一码通服务系统的家庭农场，且需要满足经营规模适度、财务管理规范、制度健全有效、生产服务优质、联农带农紧密以及社会声誉良好等条件。

扶持政策的实施方式也非常灵活和务实。采取“先建后补”的方式拨付补助资金，家庭农场在完成项目后，由市农业农村局牵头组织项目验收，验收合格后提交市财政局及时拨付资金。此外，对于列入省重点支持名单的家庭农场，奖补金额高达20万元，其他符合条件的家庭农场单个奖补不超过5万元。这样的政策设计，既保证了资金的有效利用，又激发了家庭农场的发展活力。

除了中央财政的支持外，河北省还积极推动地方财政和社会资本的投入。例如，饶阳县的人武部与东崔村结成帮扶对子，通过协调帮扶资金和优良葡萄品种，请来专业队伍帮建大棚，签约农技专家到现场进行技术指导等方式，成功帮助东崔村发展了葡萄种植产业。如今，东崔村已经成立了5个葡萄种植合作社、家庭农场，种植葡萄的村民由35户发展到152户，大棚数量由25个增加到276个，村民人均年收入实现翻番。

河北省还注重通过政策引导家庭农场进行标准化生产和服务。支持新型农业经营主体实行标准化生产，规范生产记录档案，建立农产品质量安全追溯和自律性检验检测制度，注册商标，发展绿色、有机、地理标志农产品和达标合格农产品，开展品牌化经营。这些措施不仅提升了农产品的质量和安全性，还增强了家庭农场的市场竞争力和品牌影响力。

此外，河北省还通过科技支撑、龙头培育、帮扶助力等多层次、多角度的扶持措施，为家庭农场的发展提供了全方位的支持。例如，持续优化省市县乡村五级产业技术服务体系，加强五级联通对接，瞄准产业关键环节开展科技服务；大力开展农业项目大招商，积极引进先进农业龙头企业；实施品种培优、品质提升、品牌打造和标准化生产提升行动等。

综上所述，河北省对家庭农场的扶持政策是全面、务实、灵活的。这些政策不仅为家庭农场提供了资金、技术、市场等多方面的支持，还为其发展提供了良好的政策环境和市场环境。相信在河北省政府的强有力扶持下，河北省的家庭农场一定会持续健康发展。

3.5 山东省扶持政策

近年来，山东省委、省政府高度重视家庭农场的发展，将其作为推动乡村振兴、促进农业现代化、带动农民增收致富的重要抓手。为深入贯彻党的相关精神，全面落实国家关于实施家庭农场培育计划的指导意见，山东省出台了一系列扶持政策，旨在加快家庭农场的培育和发展，为乡村振兴注入强劲动力。

（1）政策背景与目标

山东省的家庭农场扶持政策是在全面贯彻落实党中央、国务院决策部署的基础上，结合山东实际制定的。政策的主要目标是打造乡村振兴齐鲁样板，通过“发展一批、规范一批、提升一批、推介一批”的思路，在种植、养殖、种养结合等领域培育一批产业特色鲜明、经营规模适度、运作管理规范、总体效益明显的家庭农场。

（2）主要扶持措施

① 鼓励创办与登记注册：鼓励有长期稳定务农意愿的农户或种养大户适度扩大经营规模，创建多种类型的家庭农场；鼓励大中专毕业生等各类人才发挥自身资本、技术、信息等优势，创办家庭农场；市场监管、行政审批部门提供便捷高效的注册服务，建立健全信息共享机制，实行家庭农场名录系统动态管理。

② 优化生产管理制度：鼓励使用规范的生产记录和财务管理记录，支持家庭农场开展绿色食品、有机食品、农产品地理标志认证和登记；改善生产经营条件，提升家庭农场整体发展水平。

③ 发展“互联网＋”家庭农场：提升家庭农场经营者信息化应用技能，支持家庭农场应用农业物联网和电子商务平台，发展互联网云农场等模式；加强全省家庭农场信息化建设，提高家庭农场的市场竞争力和品牌影响力。

④ 加强合作经营：引导地域临近、从事同类农产品生产经营、位于产业链条不同环节的家庭农场建立家庭农场联盟或协会；引导家庭农场与农民合作社、农业产业化龙头企业建立紧密的利益联结关系，实现合作共赢。

⑤ 实施示范典型引领：开展省、市、县家庭农场示范场三级联创活动，在发展现代农业及带动小农户发展等方面发挥示范作用；树立一批可复制、可推广的家庭农场典型案例，开展表彰工作，激励更多家庭农场向更高水平发展。

⑥ 保障土地经营权与融资：支持鼓励土地经营权有序向家庭农场流转，依法平等保护家庭农场土地经营权，健全纠纷调解仲裁体系；金融机构创新金融产品，满足家庭农场生产经营性融资需求，提高家庭农场担保贷款的可得性。

⑦ 强化社会化服务与政策支持：鼓励公益性服务组织提供家庭农场亟须的先进适用技术，支持经营性服务组织通过多种形式服务家庭农场；优化财税政策，对符合条件的家庭农场给予农业用水精准补贴和节水奖励，使其享受农业和小微企业税收减免政策。

（3）政策成效与展望

在山东省的政策扶持下，家庭农场数量显著增加，发展模式更加多元。

到2022年年底，全省家庭农场数量达到8万家，其中省级示范场达到1000家，县级以上示范场达到6000家。这些家庭农场在推动农业现代化、促进农民增收致富、带动乡村经济发展等方面发挥了重要作用。

展望未来，山东省将继续深化家庭农场扶持政策，不断完善政策体系，加强政策宣传引导，推动家庭农场持续健康发展。同时，鼓励更多社会力量和资本投入家庭农场建设，为乡村振兴贡献力量。

综上所述，山东省对家庭农场的扶持政策内容全面、措施得力、成效显著，为家庭农场的发展提供了有力保障和广阔空间。未来，随着政策的不断完善和落实，家庭农场必将在乡村振兴中发挥更加重要的作用。

第3节　近年家庭农场政策解析

1. 家庭农场主体培育政策推进路径

1.1 国家级培育计划实施进程

2019年8月，中央农办联合农业农村部等11个部委共同发布《关于实施家庭农场培育计划的指导意见》，系统构建了家庭农场政策扶持框架。该文件从土地流转、财政支持、金融保险、教育培训等多维度制定培育措施，为省级政策制定提供顶层设计指引。截至2022年，全国已有山西、辽宁等12个省级行政区出台配套培育方案，形成中央与地方政策协同推进格局。

国家战略层面持续强化政策支持，2021年“十四五”规划纲要明确将家庭农场培育纳入现代农业经营体系建设工程，提出通过土地流转、服务带动等方式实现小农户与现代农业有机衔接。2022年《“十四五”推进农业农村现代化规划》进一步细化实施路径，确立创建300个示范县和1500个示范家庭农场的量化目标，并创新提出农业产业化联合体发展模式。

1.2 数字化管理机制创新

农业农村部于2022年启动新型农业经营主体提升行动，重点构建“一码通”数字化管理平台，通过统一赋码实现家庭农场信息精准识别与动态管理。2023年全面推行该制度，同步配套“随手记”财务管理系统，江苏、陕西等省率先实现省级全覆盖。云南省更将数字化管理延伸至农业生产标准化领域，推动家庭农场实施品种培优、品质提升等“三品一标”工程。

2.财政支持体系优化实践

2.1 差异化补贴政策设计

江苏省通过苏农业〔2021〕5号文建立了撂荒地复垦专项补贴制度，重点对流转面积超百亩的家庭农场实施阶梯式奖补。山东省在高标准农田建设项目中创新“以奖代补”机制，允许家庭农场直接申报实施田间工程，2022年全省新型主体建设项目占比提升至35%。

2.2 综合支持政策创新

湖北省构建“四机制一体”的农业用水保障体系，对节水型家庭农场实施用水补贴与电价优惠双重激励。云南省通过云财农〔2022〕182号文建立多元化扶持机制，将贷款贴息比例提高至50%，重点支持家庭农场参与全产业链开发。

3.产业化联合发展模式探索

3.1 纵向联合机制构建

国务院2019年12号文确立了“龙头企业＋合作社＋家庭农场”三级联动模式，农业农村部2020年1号文细化了基地共建、品牌共享等具体合作方式。江西省2023年实施方案提出培育省级示范联合体100个，要求每个联合体须包含5家以上家庭农场。

3.2 横向服务协同创新

吉林省创建“吉农服贷”金融产品，配套开发农业社会化服务信息平台，形成“土地托管＋金融保险＋粮食收储”全链条服务模式。宁夏回族自治区将粮食托管面积与政策奖励挂钩，对开展万亩以上托管服务的家庭农场给予额外补贴。

4.金融支持体系完善举措

4.1 信贷机制创新

福建省建立新型经营主体“主办行”制度，要求商业银行对家庭农场实施“一企一策”信贷服务，2022年全省涉农信用贷款同比增长28%。海南省试点“农业保险+信贷”联动模式，将保单质押贷款额度提升至项目投资的70%。

4.2 融资渠道拓展

黑龙江省在“十四五”农业科技规划中明确技术入股机制，允许农技人员以技术服务参股家庭农场。湖北省对省级示范家庭农场实施LPR利率下浮20%的优惠贷款政策，2022年累计发放低息贷款12.6亿元。

5. 社会化服务体系建设

5.1 生产服务专业化

江苏省2022年建立农业生产托管项目库，支持家庭农场等主体开展全程机械化服务，对托管服务面积万亩以上的托管服务主体给予30万元/年的设备补贴。吉林省创新“五位一体”服务模式，整合金融、保险、收储等资源形成服务组合包。

5.2 信息服务数字化

农业农村部2023年全面推进农业生产经营信息库建设，实现家庭农场征信数据与金融机构实时对接。云南省开发“云农码”管理系统，实现家庭农场生产记录、质量检测、产品追溯等信息“一码统管”。

6. 经营管理能力提升工程

6.1 标准化建设推进

农业农村部2022—2023年连续出台“随手记”记账软件和“一码通”管理制度，建立全国统一的家庭农场经营档案标准。陕西省在推广中创新“赋码+培训”组合模式，组织省级示范农场开展财务管理轮训。

6.2 产业化经营引导

吉林省在大豆油料扩种方案中推行“双向订单”模式，要求加工企业与家庭农场签订保底收购协议，配套提供优质品种与种植技术。云南省实施新型主体质量提升行动，对通过绿色认证的家庭农场给予10万元/家的认证补贴。

第4节 我国家庭农场发展的政策支持研究

党的二十大报告为新时代“三农”工作锚定航向，明确指出“全面推进乡村振兴，坚持农业农村优先发展”的战略方针，并将“培育新型农业经营主体”列为建设农业强国的关键举措。在此背景下，农业农村部于2022年3月印发《关于实施新型农业经营主体提升行动的通知》，着重强调推动经营主体向产业链纵深拓展，实现“生产加工销售一体化”协同发展。作为新型农业经营主体的典型形态，家庭农场凭借集约化生产模式、专业化运营机制与市场化经营导向，已成为现代农业体系的核心载体。

从组织形态维度观察，家庭农场展现出三重核心优势：其一，以家庭单元为经营主体，主要依托家庭成员劳动力配置，显著降低组织管理成本；其二，通过适度规模经营提升农业生产效能，商品化率普遍超过95%；其三，形成以农业经营性收入为主导的收益结构，构建可持续发展的经济模式。截至当前，全国家庭农场总量已突破390万家，在粮食安全保障体系构建、农业科技集成应用、三产融合发展推进等领域发挥关键作用，成为驱动乡村全面振兴的重要引擎。

本节聚焦家庭农场发展的政策支持体系构建，通过政策文本量化分析与演进规律探究，系统解构不同发展阶段政策工具的组合特征与作用机理。其研究价值呈现双重维度：理论层面，构建“政策供给—主体需求”双维分析框架，拓展农业经营制度创新研究视域；实践层面，揭示政策支持体系对家庭农场经营能力提升的作用路径，为政策工具箱优化提供决策依据。这种双重维度的研究探索，对完善新型农业经营体系、推进农业农村现代化具有重要现实意义。党的二十大报告强调：“全面推进乡村振兴，坚持农业农村优先发展，巩固拓展脱贫攻坚成果，加快建设农业强国，扎实推动乡村产业、人才、文化、生态、组织振兴。”2022年3月农业农村部发布的《关于实施新型农业经营主体提升行动的通知》明确指出：“鼓励新型农业经营主体发展新产业新业态，由种养业向产加销一体化延伸。”当前，家庭农场已处于我国农业产业振兴的核心节点，在引领现代农业转型升级、推动乡村振兴战略实施方面的作用持续增强。系统研究家庭农场支持性政策法规，深度解析政策文本特征，对把握家庭农场不同发展阶段政策支持的特点与趋势具有重要价值。这既是对家庭农场学术理论研究的深化，也是对发展路径实践创新的探索，兼具显著的理论创新价值与实践指导意义。

1. 家庭农场发展中的政策支持体系研究述评

1.1 政府支持政策的理论基础

学界普遍认同政府支持在家庭农场培育中的基础性作用。朱启臻研究团队（2014）构建了“三位一体”理论框架，强调新型职业农民培育、土地流转制度优化与政府配套支持的协同效应。郭熙保与冷成英（2018）从经济发展视角提出“双轮驱动”理论，认为工业化、城市化构成家庭农场发展的外部推动力，而大规模资本投入与政府扶持形成内生增长动力，二者的动态交互推动家庭农场的发展进入不同阶段。

1.2 政策效应的实证研究进展

近年学界通过多维实证研究揭示政策支持的作用机理。田雨露与郭庆海（2022）基于长三角地区的比较研究，发现政策支持通过风险管控（设立风险补偿基金）与创业激励（放宽准入条件）双重路径促进家庭农场发展，其中上海地区的政策干预强度与经营绩效呈现倒U型关系。陈金兰研究团队（2021）在山东省的田野调查揭示了代际传承中的政策适配问题，主张建立动态政策调整机制，特别是针对不同生命周期阶段的农场制定差异化支持方案。田杰等（2022）的大样本研究表明农地抵押政策具有异质性效应，在市场化程度低于0.45的地区政策效果提升23%，对经营规模为50—100亩的农场的边际效应最为显著。

2. 我国家庭农场支持性政策法规的演进轨迹与实践成效

2.1 政策体系的渐进式发展历程

2.1.1 政策演进的阶段性特征

我国现代农业经营体系改革进程中，家庭农场政策支持体系呈现明显的阶段性演进特征。

（1）萌芽阶段（1984—2007年）

1984年中央一号文件首次提出家庭农场概念，同年颁布的《国营农场职工家庭农场章程（试行草案）》确立了“家庭经营、定额上缴、自负盈亏”的初期制度框架。此阶段以国营农场体制改革为突破口，开启农业经营组织创新探索。

（2）探索阶段（2008—2012年）

2008年党的十七届三中全会《决定》将家庭农场纳入新型经营主体培育体系，政策重心转向规模经营主体培育。通过土地流转政策创新与财政补贴试点，逐步突破国营农场体制束缚，构建市场化运营基础。

（3）深化阶段（2013—2018年）

2013年中央一号文件确立战略性培育方针，政策体系实现三大突破：土地确权登记保障流转安全、农业补贴向新型主体倾斜、金融支持机制创新。2014—2018年形成“名录管理＋示范创建”双轮驱动模式，全国性家庭农场培育框架基本成型。

（4）优化阶段（2019年至今）

2019年《家庭农场培育计划指导意见》构建“四梁八柱”政策体系：建立全国统一名录系统、完善财政金融支持矩阵、构建三级示范体系、健全社会化服务网络。2020年名录系统全面升级，实现经营主体动态监测与精准扶持。

2.1.2 政策工具的创新性转变

支持手段呈现“四维转变”特征：由行政指令转向制度规范、由分散试点转向系统集成、由要素供给转向能力建设、由数量扩张转向质量提升。特别是2019年后形成的“政策组合＋服务链条”模式，整合土地、资金、技术、市场等要素资源，构建多层次支持体系。

2.2 政策实施的实践图景与发展成效

2.2.1 主体培育的规模化跃升

截至2020年4月，全国家庭农场数量突破300万家，较2013年增长15倍，经营耕地面积占全国承包耕地总面积的13.2%，形成县、市、省三级的示范体系，11.7万个县级以上示范农场带动农户超千万户，示范农场年均收入达普通农场的2.3倍。

2.2.2 经营模式的创新性突破

（1）技术集成型：如天津禹道农场构建“科研机构＋数字农场”模式，实现良种覆盖率100%，技术转化效率提升40%，辐射形成特色蔬菜产业带。

（2）全链开发型：上海松江李春风农场打造“种植—加工—品牌”价值链，农产品附加值提升65%，区域农业机械化率达92%。

（3）生态循环型：浙江宁波试点“种养结合+能源循环”模式，资源利用率提升30%，单位面积产值增长50%。

2.2.3 制度创新的扩散效应

（1）土地制度创新：2024—2025年，28个省市区建立土地流转指导价机制，流转纠纷下降57%，平均流转期限延长至8.3年。

（2）金融支持创新：开发“农地经营权抵押贷”等23类专属产品，家庭农场获贷率明显提升。

（3）社会化服务创新：构建“1+N”综合服务体系（1个主体对接N个服务平台）。

2.2.4 区域模式的差异化发展

形成三大典型范式：东部“科技驱动型”（长三角数字农场集群）、中部“规模效益型”（河南粮食生产家庭农场带）、西部“特色开发型”（云贵高原生态农场群）。各类模式在土地产出率（提升42%）、劳动生产率（提高3.1倍）、资源利用率（提高35%）等指标上均实现显著优化。

2.3 政策演进的内在逻辑与发展趋势

2.3.1 制度变迁的驱动机制

呈现“中央顶层设计—地方实践创新—政策迭代完善”的螺旋式演进路径。政策着力点从解决“有无问题”转向“质量提升”，支持重点从要素供给转向能力建设，管理方式从粗放登记转向精准画像。

2.3.2 未来政策走向研判

（1）数字化转型：构建家庭农场数字画像系统，实施“一企一策”精准扶持；

（2）绿色化转型：完善生态补偿机制，建立碳汇农场认证体系；

（3）组织化提升：发展“家庭农场联合体”，创新合作经营模式；

（4）全球化对接：培育国际认证的家庭农场，融入全球农业价值链。

3. 我国家庭农场支持政策的整体特征

选取2013—2022年中央机构发布的20份政策文本，运用Nvivo 12软件进行质性分析，揭示三大特征：

3.1 方向维度：战略定力与多元创新并存

政策文本聚类分析显示，Pearson系数与分支数呈正相关，表明政策在保持核心方向连续性的同时注重内容创新。词频统计显示“经营”（649次）、“服务”（475次）为核心高频词，辅以“信贷”“名录”等12类高频管理词汇，反映政策在坚持经营服务主线的同时，通过金融支持、制度建设等多元手段形成政策合力。

3.2 结构维度：阶段适配与现实回应平衡

政策体系呈现三级梯度结构：基础服务支持、行政管理规范、系统机制建设。

基础服务支持是政策体系的第一层，旨在为家庭农场提供必要的服务保障。这包括农业技术推广、市场信息咨询、基础设施建设等方面的支持，旨在提升家庭农场的生产效率和市场竞争力。行政管理规范作为第二层，旨在通过制定和执行相关法规、政策，对家庭农场进行规范化管理。这包括土地流转、农业生产标准、产品质量控制等方面的规定，以确保农业生产的合法性和规范性。系统机制建设是政策体系的最高层，旨在构建完善的农业管理和服务体系。这包括农业科技创新体系、农业保险机制、农产品市场体系等方面的建设，以推动农业现代化的实现。

根据2019年农业农村部的数据，政策重点向金融信贷、财政补贴等现实需求领域倾斜。通过提供优惠的金融政策和财政支持，降低家庭农场的融资成本和生产成本，提升其盈利能力。这种政策倾斜有助于解决家庭农场在发展中面临的资金瓶颈问题，促进其可持续发展。

在行政管理规范方面，政策体系在标准化管理中保留了地方创新空间。这意味着在遵循国家统一规定的前提下，各地可以根据实际情况制定更具针对性的政策措施，以适应不同地区的农业发展特点和需求。这种灵活性有助于激发地方政府的积极性和创新性，推动农业政策的落地生根和开花结果。

3.3 主体维度：多维协同的立体治理格局

从横向联动角度来看，整合了23个国家部门与26个地方部门的力量，以农业农村部为主导，财政与市场监管部门紧密协同，同时联合其他10个相关部门，共同构建了一个跨领域、多层次、全方位的协作网络。这一网络不仅强化了部门间的信息共享与资源整合，还促进了政策制定与执行过程中的相互支持与配合，从而确保了各项治理措施的有效落地与持续推进。

在纵向贯通方面，实现国家、省级、地市、县级四级行政体系的无缝对接。通过明确各级政府的权责划分，我们确保了政策在不同层级间的有效传导与均衡实施。这一做法不仅提高了政策执行的效率与效果，还增强了各级政府在治理过程中的协同性与互动性，为构建更加稳固、高效的治理体系奠定了坚实基础。

4. 我国家庭农场支持性政策的完善建议

为推进家庭农场高质量发展，建议从政策设计与执行的双重维度构建支持体系：政策设计需强化社会化服务组织效能，完善法律法规保障；政策执行应注重部门协同与职责优化。

4.1 强化社会化服务组织优势

通过构建多元化政策供给体系，提升社会组织对家庭农场的支撑能力。

4.1.1 构建分层服务体系

• 公益性组织：提供政策解读、技能培训等基础服务；

• 专业技术组织：开展无偿/低偿技术指导，制定农业技术标准；

• 经营性组织：建立市场化金融服务机制，加强托管服务价格监管。

4.1.2 完善服务管理机制

• 建立服务主体遴选制度：涵盖方案制定→官网公示→专家评审→结果公告全流程；

• 强化市场监管：防范价格垄断行为，建立服务项目询价机制；

• 畅通产销渠道：搭建社会化服务组织与家庭农场的数字化对接平台。

4.2 健全法律法规保障体系

通过立法保障与政策配套，确立家庭农场的市场主体地位。

4.2.1 明确法律主体地位

• 立法界定：在法律层面明确权利义务关系；

• 主体规范：限定农村户籍家庭为经营主体；

• 业务范畴：规定以农业生产为主业、以农业收入为核心收益来源。

4.2.2 完善配套政策体系

• 融资支持：发展农村合作金融机构，设立专项扶持基金；

• 产权改革：深化土地承包经营权改革，赋予其完整经营自主权；

• 利益分配：构建农业集体利益动态平衡机制。

4.3 优化政策执行机制

通过部门协同与职责重构提升政策执行效能。

4.3.1 建立协同治理机制

• 搭建跨部门数据共享平台：实时掌握农场规模、发展动态等核心指标；

• 建立政策落实督导机制：确保财税优惠、技术培训等政策精准落地。

4.3.2 重构部门职责体系

• 整合交叉职能：归并审计、质监、工商等部门的重复职责；

• 厘清权责边界：划分政策制定部门与执行部门的职能范围；

• 建立协调机制：构建“政策传达—执行反馈”双向沟通渠道。

第5节　家庭农场建设的意义

1. 促进农业集约化经营与可持续发展

发展家庭农场是实现农业集约化经营的重要路径。集约化经营通过提升单位土地产出率和劳动生产率，有效解决我国农业生产效率低、土地利用率不足等问题。数据显示，发达国家两个职业农民可满足100人的农产品需求，而我国需60个农民才能达到同等供给水平，凸显我国农业现代化转型的迫切性。家庭农场以市场为导向，采用企业化管理模式，既能维持家庭经营的内核，又能整合生产要素、推广先进技术，实现土地资源的高效利用。这种模式不仅有助于突破传统小农生产的局限，还能通过科学轮作、生态保护等措施维持农业生产力，为农业可持续发展提供制度保障。

2. 保障农产品供给与质量安全

家庭农场通过规模化、标准化生产，显著提升农产品供给能力。注册家庭农场具有法人属性，其品牌化运营机制形成双重约束：一方面，产品溯源体系倒逼生产过程规范化，强化质量安全管控；另一方面，市场竞争压力促使经营者主动采用绿色生产技术，优化品质管理。例如，家庭农场普遍建立生产记录台账，实现从田间到餐桌的全链条监管。这种组织形态将分散农户纳入标准化体系，既增加优质农产品供给，又通过规模效益降低生产成本，成为破解农产品“安全困境”的有效载体。

3. 培育现代农业经营主体

家庭农场代表现代农业经营主体的发展方向，其特征表现为：

（1）主体素质专业化：经营者普遍接受系统的农业教育或技能培训，具备较强的科技应用和市场运营能力；

（2）生产要素集约化：通过土地流转实现适度规模经营（通常50—300亩），资源配置效率较散户提升3—5倍；

（3）生产技术现代化：90%以上的家庭农场应用智能灌溉、无人机植保等新技术，科技贡献率超过65%；

（4）经营方式市场化：80%的家庭农场建立了稳定的产销渠道，电商渗透率达42%，显著高于传统农户。

这种主体形态既保留家庭经营抗风险能力强的优势，又具备对接现代要素的能力，成为推动农业转型升级的核心力量。

4. 创新农业经营制度体系

家庭农场在“三权分置”框架下实现制度创新：

（1）产权制度：通过土地经营权抵押融资，破解规模经营的资金瓶颈，全国试点地区抵押贷款规模突破1200亿元；

（2）组织制度：构建“家庭农场＋合作社＋龙头企业”的产业化联合体，带动小农户融入现代农业产业链条；

（3）管理制度：实行成本核算、标准化生产等企业化运作，平均投入产出比较传统农户高28%；

（4）服务体系：催生专业化服务组织，推动农业社会化服务覆盖率从2015年的35%提升至2022年的65%。

这种制度创新在不改变农村基本经营制度的前提下，实现了小农生产与现代市场的有机衔接。

5. 推动三产融合与价值增值

家庭农场通过延伸产业链条创造增值空间：

（1）纵向延伸：发展农产品加工，家庭农场自建加工设施比例达37%，产品附加值提升40%—60%；

（2）横向拓展：开发休闲农业、教育农园等新业态，多元化经营的农场收入增长2.3倍；

（3）数字赋能：应用物联网系统的农场生产成本降低18%，电商销售占比超过传统渠道；

（4）品牌建设：注册商标的家庭农场平均溢价率达25%，地理标志产品带动区域产值增长15%。

这种融合模式重构农业价值链，使农业逐步从单一生产功能向生态、文化等多元功能演进。

6. 优化乡村治理结构

家庭农场发展产生显著的社会治理效应：

（1）经济重构：农场主平均带动8户周边农户，形成“示范—跟随”扩散效应；

（2）人口结构：使45岁以下青壮年务农比例提高至39%，缓解农村人口老龄化问题；

（3）治理效能：73%的农场主参与村务决策，推动自治、法治、德治相结合的乡村治理体系完善；

（4）文化重塑：通过生产标准传导和市场意识培育，促进现代经营理念在乡村扎根。

这种微观组织创新正深刻改变乡村社会生态，为乡村振兴提供持续内生动力。

第2章

家庭农场建设标准与基本条件

第1节　家庭农场规范

目前，什么样的中国式家庭农场才能算合格规范的，如何在今后一段时间成为示范型家庭农场？参照农业农村部在2019年发布的《关于实施家庭农场培育计划的指导意见》，以及2020年的《新型农业经营主体和服务主体高质量发展规划（2020—2022年）》等文件，具备以下条件即可申报市级示范家庭农场。

1. 有资质

以常州市为例：家庭农场经辖市（区）委农工办认定，有规范名称（如××镇〔街道〕××〔名称〕××类型家庭农场），有与生产经营相适应的固定场所，有财务核算管理，收支记录规范。家庭农场负责人应是常州市本地农村户籍，具有初中以上文化程度；从业人员以家庭成员为主（不少于2人），无常年雇工或常年雇工数量不超过家庭务农人员数量（常年雇工指在家庭农场受雇期限年均9个月以上或按年计酬的雇工）。经营产业符合常州市及当地农业区域布局和产业发展规划。

2. 有技能

农场主实际专业从事农业生产经营3年以上，具备从事农业生产经营必备的资质和条件；家庭从业人员均接受过农业技能培训，至少有1人持有专业技术证书；采用新品种、新技术、新设备，进行标准化生产。

3. 有规模

对经营规模各地均有相关规定，通常要求经营土地的流转年限在5年以上，并签订规范的流转合同，流转期限内无转包行为；经营土地的规模适度，即：从事粮食作物的，土地经营面积200亩左右；从事花果茶菜种植的，露天生产50亩以上，设施栽培30亩以上；从事畜牧水产养殖的，生猪年出栏500头以上，奶牛年存栏50头以上，肉禽年出栏20000羽以上，蛋禽年饲养量5000羽以上，水产养殖100亩以上；从事种养结合的，主要产业规模达到上述标准下限的70%以上；从事休闲观光农业的，经营面积100亩以上，配套设施齐全。

4. **有效益**

在经济效益方面，亩均收益超过普通农户平均水平20%，家庭人均纯收入超过当地农民人均纯收入50%。在生态效益方面，农业生产废弃物、农作物秸秆、畜禽粪污规范处理。在社会效益方面，对周边农户有良好的示范带动作用。

5. **有设施**

生产设施装备基本配套，具备防灾抗灾能力，拥有必要的农业机械，农业生产主要环节基本实现机械化，或接受较高的社会化配套服务。大宗农产品全部参加政策性农业保险。

6. **有标准**

实行标准化生产，生产管理制度健全，生产过程中有详细记录，并形成记录档案；生产的产品符合质量安全要求，有稳定的销售渠道，销售记录完善。(产品使用或注册品牌，质量可追溯，无公害、绿色、有机认证的农副产品，可以推荐申报省级家庭农场)

7. **有品牌**

特别要注重商标的注册，原因如下。

(1) 进行知识产权保护，避免费心设计或先期已投入广告的商标被他人抢先注册，自己使用将构成侵权。例如溧阳上黄的太湖白云茶叶，在溧阳经历了十几年的宣传，是响当当的品牌，但是一直没有注册商标，前几年宜兴一家茶叶企业注册太湖白云牌商标，上黄太湖白云继续使用构成侵权。这些年企业不甘心，向国家工商总局连续提出诉讼，经过几年的疲惫抗战，花了钱，费了精力，结果败诉。所以去年开始太湖白云这个品牌在溧阳茶叶圈已经消失，企业重新注册了太云茶叶，起步推广宣传没有基础，名气已经大不如前。

(2) 避免侵权，否则将面临支付巨额赔偿的风险。例如溧阳华鹏的商标就被扬州一家华鹏变压器厂注册，扬州变压器厂也是一家大型变压器企业，如果溧阳华鹏继续使用，将面临巨额索赔，企业被迫改名为溧阳华朋变压器厂。一家在国内行业非常知名的企业，若企业名称和商标名称不符合，是非常尴尬的事情。

(3) 大部分消费者认为使用了注册商标的商品质量更可靠，容易赢得消费者信任，从而引导消费者认牌购物。例如溧阳是旅游先进市，在南山竹海、天目湖、瓦屋山等景点，很多当地的农产品质量确实很好，很受游客欢迎，由于没有品牌，价格上不去，真正做到了物美价廉，但是当地农民的收入就大大减少了。没有商标，无法大量进行广告宣传，市场竞争相对就弱了，企业的信誉和产品质量久而久之也得不到保证。

(4) 商标是企业的无形资产，可以买卖、转让、继承、抵押等。例如溧阳天目湖畔的汤山九龙沟，就是周城九龙牌茶叶的产地。老板张总对九龙的商标情有独钟，但是该商标已经被福建一家名不见经传的倒闭小作坊注册，1997年张老板一咬牙花了8万元购买了这个商标的使用权。有了商标，企业制订了“树品牌形象，创知名名牌”的质量方针，打响了“九龙”品牌，2008年获常州市名牌产品称号，目前正争创江苏省著名商标。

(5) 商标是申请政府扶持资金、国家免检、省市名牌、驰名商标、质量认证的前提条件。例如溧阳市人民政府就对获得中国驰名商标的企业奖励50万元。各个乡镇也有奖励，例如天目湖镇政府对常州知名商标奖励1万元，对江苏省著名商标奖励3万元，对中国驰名商标在市政府奖励基础上再奖励10万元。随着各级政府对品牌的重视，各方面的激励机制会越来越多，政府的投入也会越来越大。

第2节　家庭农场建设标准

1. 农业农村部关于家庭农场的认定标准

2013年3月，农业部（现农业农村部）首次在全国范围内着手开展家庭农场调查工作，并明确规定了纳入此次调查的家庭农场必须同时符合以下条件。

（1）经营者应具有农村户籍（即非城镇居民）。

（2）以家庭成员为主要劳动力，即无常年雇工或者常年雇工数量不超过家庭务农人员数量。

（3）农业净收入占家庭农场总收益的80%以上。

（4）经营规模相对稳定且达到一定标准：①从事经济作物种植、养殖业或种养结合的，应达到当地县级以上农业部门确定的规模标准；②从事粮食作物种植的，租期或承包期在5年以上的土地经营面积达到100亩（一年一熟制地区）或50亩（一年两熟制地区）以上。

（5）经营者应接受过相关的农业技能培训。

（6）经营活动须具备完整的财务收支记录。

（7）具有一定的区域性示范带动作用。

2. 地方政府关于家庭农场的认定标准

鉴于我国幅员辽阔、各地自然经济条件和农业发展差异显著的基本国情，在全国范围内出台一个具有普遍适用性的标准难度较大。基于此，各地结合自身农业资源条件，制定了更加具体的家庭农场认定标准。

下面，分别就我国四川省、山西省、安徽省、黑龙江省和新疆维吾尔自治区五个农业大省（自治区）关于家庭农场认定的实施情况进行介绍。

（1）四川省家庭农场的认定标准

2015年9月，四川省人民政府办公厅印发《关于培育和发展家庭农场的意见》（川办发〔2015〕89号），从“组织形式、劳力构成、文化程度、生产规模、收入构成、经营管理、制度建设”七个方面设定家庭农场认定的基本条件，具体包括：

1）以家庭为基本生产经营单位，利用家庭承包土地或流转土地专门从事农业规模化、集约化、商品化生产经营。

2）劳动力以家庭成员为主，与对外聘用技术人员、劳务人员相结合，原则上常年聘用技术人员、劳务人员数量不超过家庭成员数。

3）生产经营者接受过农业技能培训或农业职业教育，原则上应具备中等职业教育及以上学历或取得新型职业农民证书、职业资格证书、农民技术职称证书。

4）经营规模达到农业适度规模经营标准。

①粮油类、经济作物类　具体标准由农业行政主管部门另行制定；

②牲畜类　生猪年出栏500头以上，肉牛年出栏10头以上，肉羊年出栏100只以上，肉鸡年出栏10000只以上，蛋鸡年存栏2000只以上，肉（獭）兔年出栏10000只以上；

③水产类　池塘养殖20亩以上或流水及网箱养殖500平方米以上；

④林业类　竹、木等用材林100亩以上，花椒、核桃等干果类40亩以上，黄柏、杜仲等中药材类20亩以上，林业资源综合开发（含林下种养）年产值10万元以上；

⑤农机服务类　作业面积100亩以上，农业机械3台（套）以上且农业机械原值3万元以上；

⑥植保类　作业面积50亩以上且年人均收入5万元以上；

⑦休闲农业、特色产业类　面积50亩以上；

⑧其他类　年产值10万元以上。

5）家庭收入主要来自农业经营收入，占总收入的比例不低于80%，与当地城镇居民收入水平相当。

6）具有较高的设施装备水平、生产经营管理水平和经营效益。

7）按照生产技术规程和产品质量标准进行生产，财务收支记录和农事作业记录完整，农产品质量可追溯。

（2）山西省家庭农场的认定标准

2013年11月，山西省农业厅（现农业农村厅）印发《关于认定家庭农场的暂行意见》（晋农经发〔2013〕8号），提出认定家庭农场的相关标准，具体包括：

1）经营者应是依法享有农村土地承包经营权的农户。

2）以家庭成员为主要劳动力，常年雇工数量不超过家庭务农人员数量。

3）以农业收入为主要收入来源，农业净收入占家庭农场总收益的80%以上。

4）以家庭承包和流转土地为主要经营载体，按依法自愿有偿的原则签订规范的土地流转合同，并在乡（镇）农经部门（土地流转服务中心）备案；流转期限在5年以上，经营土地相对集中连片。

5）经营规模相对稳定且达到一定标准。

①从事粮食生产的，小麦种植面积在50亩以上，玉米、杂粮种植面积在100亩以上；

②从事露地蔬菜、瓜果、棉花、油料、甜菜、烟叶、药材等生产的，种植面积在50亩以上；

③从事设施农业的，建筑面积达到10亩以上；

④从事水果业的，种植面积达到20亩以上；

⑤从事干果业的，种植面积达到50亩以上；

⑥从事养殖业的，生猪年出栏500头以上，羊年出栏300只以上，肉牛年出栏100头以上，奶牛年存栏100头以上，蛋禽年存栏1万只以上，肉禽年出栏5万只以上；

⑦从事种养结合的综合型家庭农场，饲草、饲料作物种植面积达到50亩以上。

6）家庭农场经营者应接受过农业技能培训。

7）家庭农场经营活动有比较完整的财务收支记录。

8）对其他农户开展农业生产有示范带动作用。

（3）安徽省家庭农场的认定标准

2013年9月，安徽省人民政府办公厅印发《关于培育发展家庭农场的意见》（皖政办〔2013〕35号），明确规定了该省示范家庭农场的认定条件，具体包括：

1）经营者应具有农村户籍或者是农村集体经济组织成员，或是具有土地承包经营权的自然人。

2）以家庭成员为主要劳动力。

3）以农业收入为主，农业净收入占家庭农场总收益的80％以上。

4）经营规模达到当地县级政府农业行政主管部门确定的适度规模标准且相对稳定。

①种植业：粮油集中连片规模在200亩以上，设施蔬菜（含瓜果，下同）达到20亩以上，露地蔬菜达到200亩以上；

②畜牧业：生猪年出栏达到1000头以上，羊年出栏达到500头以上，奶牛年存栏50头以上，家禽年出栏10万只以上；

③水产养殖业：规模养殖面积达到100亩以上；

④经果：葡萄、苗木花卉、茶叶等种植面积达到100亩以上；

⑤林业：山区不小于300亩，丘陵地区不小于200亩，平原地区不小于100亩；

⑥其他：特种种养业面积达到100亩以上，种养结合的综合性农场面积在200亩以上。

5）土地流转年限在5年以上（以流转合同为准）；林场经营的土地权属清楚、协议完备，土地流转年限不低于20年。

6）有与生产经营相适应的场房场地和处理日常事务的场所、生产设施、配套设施、农业机械装备，农业生产的主要环节基本实现机械化。

7）按照质量标准和生产技术规程进行生产，生产投入品的采购和使用有详细记录，并建立档案，做到产品质量可追溯；产品销售基本上实现订单化。

8）产品有“三品一标”认证或使用，即无公害农产品、绿色食品、有机食品或农产品地理标志，拥有自主品牌和注册商标，实行品牌化经营。

9）运用农业科技知识和信息化手段服务生产全程，土地产出率、经济效益提升明显，年纯收入10万元以上，其成员年人均纯收入高于本县（市、区）农民人均纯收入40%以上，省级示范家庭林场年纯收入高于其他同类农户20%以上，并对周边农户具有示范带动效应。

（4）黑龙江省家庭农场的认定标准

2016年4月，黑龙江省农业委员会印发《黑龙江省农民家庭农场认定管理办法（试行）的通知》（黑农委经发〔2016〕29号），提出认定家庭农场除应以家庭成员为主要劳动力、收入以农业收入为主、经营的土地应为集体所有或国家所有依法由农民集体使用的土地、经营者须具有农民或村集体经济组织成员身份、主要生产环节基本实现机械化等基本条件外，还针对不同类型农场应满足的相应条件提出明确要求。

1）种植业家庭农场。租期或承包期在5年以上，具有规范的土地流转合同。

①从事粮食生产的，经营面积应在200亩以上；

②从事经济作物生产的，经营面积应在50亩以上；

③从事食用菌生产、设施农业的，经营面积应在10亩以上。

2）养殖业家庭农场。

①畜禽养殖家庭农场应有固定的场舍，并具备一定规模，其中，从事生猪养殖的，存栏在300头以上；从事奶牛、肉牛养殖的，存栏分别在50头以上；从事养羊的，存栏在200只以上；从事禽类养殖的，存栏在3000只以上。

②水产养殖家庭农场承包或流转养殖水面在5年以上，具有规范的承包或流转合同，养殖水面面积在50亩以上。

③从事柞（桑）蚕养殖的，经营规模在5把剪子以上。

④从事养蜂的，经营规模在200群以上。

3）种养综合型家庭农场。应明确主业，且规模标准不低于上述产业规模标准。

（5）新疆维吾尔自治区家庭农场的认定标准

2015年11月，新疆维吾尔自治区农业厅（现农业农村厅）印发《新疆维吾尔自治区家庭农场认定标准（试行）》，提出创建家庭农场应同时具备如下条件：

1）经营者应为本地户籍农民或常住当地10年以上、从事农业生产经营，并积极参与当地村集体公益建设的外地农民。

2）以家庭成员为主要劳动力，常年雇工数量不超过家庭成员中的务农人数。

3）以农业经营收入为主要来源，且占家庭总收入的80%以上。

4）经营的土地应为依法获得，利用家庭承包土地或流转土地，流转合同规范，并在乡镇农经部门（土地流转服务中心）鉴证、备案；流转期限在5年以上，经营土地相对集中连片。

5）生产经营相对稳定，并达到一定规模。

①从事粮食、棉花生产的，经营面积为当地户均家庭承包面积的10—15倍（依据自治区农经统计报表数据测算）；

②从事露地蔬菜、西甜瓜、油料、甜菜、豆类、麻类、啤酒花、烟叶等生产的，种植面积在50亩以上；

③从事枸杞、大芸、贝母、甘草等药材种植的，种植面积在20亩以上；

④从事设施农业生产的，生产（净）面积在20亩以上；

⑤从事林果业生产的，露地鲜食葡萄20亩以上，酿酒葡萄、苹果、梨、

桃、杏、红枣、苗木及其他经果林50亩以上，取得《林权证》的用材林或生态林保存面积200亩以上；

⑥从事养殖业的，生猪年出栏500头以上，肉羊年出栏500只以上，奶牛年存栏30头以上，肉牛年出栏50头以上，蛋禽年存栏2000羽以上，肉禽年出栏5000羽以上，主导鱼类养殖水面面积30亩且商品鱼年产量15吨以上。

6）经营者接受过农业技能培训。

7）经营活动有比较完整的财务收支记录。

8）对其他农户开展农业生产经营有示范带动作用。

第3节　家庭农场申请条件和流程

本节主要介绍农场申请基础条件、申请所需材料、申报流程等。

1. 农场申请基础条件

满足其中一条，即可申请。

（1）粮食作物的种植面积达到30亩及以上；

（2）蔬菜种植面积达到10亩及以上；

（3）设施农业种植面积达到5亩及以上；

（4）果、茶种植的土地面积达到30亩及以上；

（5）经营用材林地100亩及以上；

（6）种植油茶、毛竹等经济林30亩及以上；

（7）花卉苗木、林下种植面积20亩及以上；

（8）养蜂30箱及以上，养殖蛙类5000只及以上；

（9）从事养殖业的，羊年出栏100只及以上，肉牛年出栏20头及以上，奶牛年存栏20头及以上；

（10）蛋禽年存栏2000只及以上，肉鸡年出栏2000只及以上，肉鸭、鹅年出栏2000只及以上；

（11）水产养殖10亩及以上；

（12）育肥猪年出栏50头以上，能繁母猪年存栏10头以上。

(13) 从事食用菌生产的一个产季达到床栽栽培面积1000平方米及以上或袋装规模1万袋及以上；

(14) 从事种养结合或综合型家庭农场土地面积达到20亩及以上。

2. 申请流程

2.1 资料准备

(1) 法人身份证复印件；

(2) 家庭成员户口薄复印件；

(3) 农村土地承包经营权证或土地承包经营权流转合同、林权证或不动产权证书。

(4) 提供《家庭农场申报表》。

2.2 申报流程

(1) 带上基本材料，到家庭农场所在村委会进行申报，由村委会对内容的真实性、完整性开展实地调查初审，由乡镇人民政府负责复审；

(2) 审查合格后报县级农业农村局审查，由县级农业农村局对拟申报的家庭农场进行现场认定；

(3) 审查合格后，市场监督管理部门或相关行政审批部门对认定的家庭农场进行登记注册；

(4) 最后，带上家庭农场登记注册后的营业执照复印件到县农业农村局备案。

第4节　家庭农场经营项目和定位

农场可开展的项目包括餐饮、种养殖观光、农事体验等。农场经营需要明确核心竞争力，可采用单一模式、多元模式、多项目融合模式、数字化模式、三产融合模式或生态循环模式等。

1. 农场项目

农场可开展的项目总结如下，不同农场可根据自己的实际情况，选择一种或几种经营。

（1）餐饮项目。主题餐厅：以特定主题为内容进行设计和装修，打造主题氛围感。乡村酒吧：主打回归自然，放松心情，闲适自得。农家菜馆：食在本地，体验当地民俗、传统菜肴。

（2）种养殖观光。设计各种经济作物和养殖项目的生产和养殖的农业观光活动，如各类蔬菜水果、花卉茶叶、牲畜等的生产或养殖过程的参观学习。

（3）农事体验。基于农场的实际种、养殖情况，设置各类农事体验活动。如果蔬采摘、粮食种植、酿蜜、采药等全过程应季体验，提前设置体验过程，提高趣味性，满足猎奇心理。

（4）休闲娱乐。在农场内提供适应农场发展和活动推进的休闲娱乐活动，如打牌、喝茶、划船、采莲、运动健身、垂钓、下棋等。

（5）节日度假。提供餐饮和住宿。打造舒适的居住环境，提供健康、卫生、美味的饮食服务。

（6）科普教育。传递农业知识和当地民俗文化。如讲解动植物的生产和养殖过程、工具使用等，传播当地饮食观念，介绍当地饮食搭配等。

（7）体验民俗。根据当地的历史文化、长期的传统习俗，开展文化体验活动。如手工制作，以个性化为体验入口，融入创作乐趣，提高体验质感。陶艺体验作为一种古老的艺术表现形式，可以让游客体验创作过程，提升其成就感，其作品也有纪念价值。竹编、刺绣等也是较好的体验形式。

2. 农场经营定位

农场经营，也需要差异化发展，明确核心竞争力。可分为以下6种模式。

（1）单一模式：只用一种生产方式或养殖方式。以销售农产品为主。

（2）多元模式：采用多种生产方式或养殖方式。开展多种种养殖活动。

（3）多项目融合：有多种种植或养殖模式，并根据设计开展不同项目，如开展亲子、采摘、餐饮、团建、婚庆、农事体验等项目。

（4）数字化模式：信息化和数字化农场，利用现代信息技术设备，对农场开展数字化检测和管理。如无人农场、智慧农场等。

（5）三产融合模式：生产、加工和销售等环节融合，形成完整产业链。

（6）生态循环：充分利用农场资源，各项目优劣互补，种养殖有机结合。如建沼气池、有机肥料厂等设施，转化废弃物用于种植。

第3章

家庭农场类型及特征分析

第1节　我国发展家庭农场类型

家庭农场是一个非常广泛的概念，我国幅员辽阔，各地自然气候、环境资源、经济发展状况差异很大，我们从地理环境、大农业资源和经营方式等角度，对今后在国内可能会发展起来的家庭农场的一些主要类型进行简单的盘点和说明。

1. 依据地理环境的差异划分

1.1 都市型家庭农场：都市边缘的休闲绿洲

位于都市边缘的这些家庭农场，坐拥得天独厚的区位优势与便捷的交通网络，它们不仅是城市喧嚣中的一片宁静绿洲，更是都市人寻求心灵慰藉的理想之地。农场主凭借专业技能，结合优越的自然条件和完善的基础设施，可以精心打造出一系列养生、生态教育及田园风光欣赏服务，精准满足城市居民对休闲放松的高品质需求。在这里，人与自然和谐共生，都市生活的快节奏得以暂时搁置，为城市居民提供了一个回归自然、体验田园生活的绝佳平台。

1.2 过渡型家庭农场：城市“卫星”的创新前沿

坐落于城市周边乡镇的过渡型家庭农场，是设施农业的先锋阵地。它们凭借良好的区位条件，吸引了大量投资，同时也伴随着挑战与机遇。这些农场勇于突破传统农业框架，探索并实践全新的经营模式，不仅培育了消费者对创新农产品的接受度，更以高价值产品引领市场潮流。在这里，传统农业观念被重新定义，消费者愿意为那些融合创意与科技的农产品买单，共同推动农业现代化进程。

1.3 乡村型家庭农场：传统文化的守护者

深入乡村腹地的乡村型家庭农场成为传统农业文化的活化石。它们不仅承载着展示乡村独特文化、特色农业及传统节庆的使命，更是繁荣乡村经济、传播农耕智慧的重要平台。这些农场通过体验式农业活动，让访客亲身感受乡村生活的魅力，同时，也为提升农民社会地位、构建特色乡村风貌贡献了不可或缺的力量。在这里，每一次体验都是对农耕文明的致敬，每一次参与都是对乡村未来的投资。

1.4 偏远型家庭农场：生态与效率的完美结合

远离尘嚣的偏远型家庭农场，虽然面临着交通不便、人口稀少的挑战，但其丰富的农业资源、广阔的用地规模以及良好的生态环境，为发展大规模、单一品种、集约化、机械化的现代农业提供了得天独厚的条件。面对这些挑战，基础设施建设与品种改良成为突破性发展的关键。通过科学规划与技术创新，这些农场不仅能实现高效生产，还能有效保护生态资源，展现了农业可持续发展的美好愿景。

综上所述，地理环境的多样性赋予了家庭农场不同的生命力和发展潜力。从都市边缘的休闲绿洲到偏远乡村的生态宝地，每一种类型的家庭农场都以其独特的方式，为农业现代化进程贡献着不可或缺的力量，共同绘制出一幅幅绚丽多彩的农业新图景。

2. 依据大农业资源的区别划分

根据大农业资源的差异，家庭农场可划分为以下五种专业类型，每种类型对应不同的农业生产方式和资源利用特点。

2.1 家庭农场（种植型）

—— 核心特征：以耕地资源为基础，规模化种植粮食作物或经济作物；

—— 典型形态：粮食种植农场（小麦/水稻/玉米）、蔬菜种植基地、棉花/油料种植园；

—— 现代化方向：机械化耕作、智慧农田管理系统、订单农业。

2.2 家庭林场（林业型）

—— 资源依托：山地、林地资源；

—— 经营形式：经济林种植（速生林/果林）、林下经济（林药/林菌）、生态防护林；

—— 特色发展：碳汇林经营、森林康养、林产品深加工；

—— 案例：油茶林场、核桃种植基地、竹林生态系统。

2.3 家庭牧场（畜牧型）

—— 生产基础：草场资源与畜牧设施；

—— 养殖类型：草食牲畜（牛羊）、家禽集约养殖、特色养殖（鹿/兔）；

—— 产业链延伸：乳制品加工、有机肥生产、活畜交易服务；

—— 现代化路径：标准化圈舍、疫病防控体系、种养循环模式。

2.4 家庭渔场（水产型）

—— 水域利用：淡水/海水养殖水面；

—— 经营品种：鱼类精养（鲈鱼/鳜鱼）、虾蟹养殖、贝类吊养；

—— 创新模式：陆基循环水养殖、渔光互补、休闲垂钓；

—— 技术应用：水质智能监测、精准投喂系统、生态养殖技术。

2.5 复合型家庭农场（特色农业）

—— 资源整合：立体利用土地、气候等特色资源。

—— 专业细分

园艺类：设施果园（草莓/蓝莓）、花卉工厂、盆景艺术园；

特经类：中药材基地（石斛/三七）、咖啡庄园、茶文化体验园；

循环类：桑基鱼塘系统、菌菜轮作体系、鱼菜共生工厂；

科技型：组培育苗中心、航天育种试验园、数字农业示范园。

这种分类体系既保留了传统农业的基本形态，又体现了现代农业的专业化分工和产业融合趋势，为政策制定、技术推广和金融支持提供了科学的分类依据。在实际操作中，鼓励发展“林牧结合”“渔农共生”等复合经营模式，提升资源利用效率。

3. 依据经营方式的不同划分

3.1 基础生产型

基础生产型家庭农场以农业产业链前端为核心，聚焦农作物种植与畜禽养殖两大领域。其经营特征表现为：

（1）以初级农产品产出为主营业务，其收入占总收入的80%以上；

（2）产品形态保持原始状态，仅进行简单分级和包装；

（3）收入结构单一，主要依赖农产品批发市场流通渠道；

（4）注重规模化生产效益，普遍采用机械化作业模式。

3.2 综合体验型

综合体验型家庭农场构建多维经营体系，通过资源整合实现价值延伸，主要呈现以下特征：

（1）复合业态开发

——农业观光：开发田园景观游览、农事体验等项目；

——教育实践：设立农耕文化展示、农技培训等教育模块；

——休闲度假：民宿餐饮、生态疗养等配套设施；

——产品加工：建立农产品深加工体系，提升附加值。

（2）运营模式创新

——采用“农业＋”发展模式，融合文化、旅游、教育等元素；

——构建线上线下协同的营销网络；

——开发会员制、认养制等新型消费模式；

——拓展农产品定制化服务。

3.3 共性基础要素

两类经营模式均需具备以下基础条件：

（1）物理空间：划定清晰的经营边界，平均占地面积50—200亩；

（2）基础设施：配备标准化的生产设施和接待服务设施；

（3）交通网络：实现主干道15分钟交通圈覆盖；

（4）环境建设：保持80%以上的土地农业利用率，绿化覆盖率不低于30%；

（5）转型潜力：预留20%可开发用地，用于旅游服务设施建设。

该分类体系揭示了家庭农场从传统生产向服务经济转型的发展路径，不同类型对应差异化的市场定位和经营策略，经营者可根据区域特征、资源禀赋选择适宜的发展模式。

4. 按产业类别的不同划分

农业农村部最新调查数据显示，我国现有家庭农场经营模式呈现显著的产业分化特征：种植业主导型占46.7%，养殖业主导型占45.5%，种养结合型占6%，其他创新型模式仅占1.8%。数据表明，当前我国农业经营体系仍以传统种养分离模式为主，生态循环型经营模式的发展潜力亟待释放。

4.1 种植业主导型经营体系

该模式以植物栽培为核心，通过生物技术应用和劳动要素投入实现农作物增值。主要涵盖三大领域：

（1）粮食安全保障型：重点发展水稻、小麦等主粮作物；

（2）经济作物效益型：侧重棉花、油料等经济作物种植；

（3）设施园艺科技型：专注高附加值果蔬及花卉生产。

经营效益提升路径包括：实施标准化生产体系、推进适度规模经营、构建成本控制机制、完善市场营销网络。典型案例显示，四川省绵阳市种植型农场单位面积产值达2500元/亩，较传统农户提升30%，其中种苗培育专项农场收益增幅更达80%。

4.2 养殖业集约化经营体系

该模式以畜禽水产养殖为主体，通过现代养殖技术实现动物产品商品化转型。成功要素包括：

—— 品种改良与良种繁育体系；

—— 疫病防控与质量追溯系统；

—— 市场导向的产能调节机制。

绵阳市特种水产养殖实践表明，采用生态养殖技术的农场收益水平可达传统模式的3倍以上，充分体现技术升级对产业效益的倍增效应。

4.3 种养结合循环经济模式

该模式通过建立"资源—产品—再生资源"闭环系统，实现农业废弃物资源化利用。主要技术路线包括：

（1）"畜—沼—植"三位一体系统；

（2）"稻—菌—禽"复合生态系统；

（3）"猪—沼—菜—果"循环系统。

该系统构建"生猪养殖—沼气生产—有机种植"产业链，实现多重效益。

—— 能源替代：沼气满足农场70%的能源需求；

—— 肥料替代：沼渣替代化学肥料使用量达90%；

—— 品质提升：有机果蔬溢价率达40%－60%。

德阳市L农场案例显示，通过"禽—菜—果"立体循环，年节约肥料成本20万元，有机产品带动采摘旅游收入占比超30%，实现年综合收益百万元。

（4）"稻—菌—禽"复合生态系统

该模式创新性地整合三大生产环节。

—— 水稻秸秆基料化：秸秆粉碎制成菌棒基料；

—— 菌糠饲料化：废弃菌棒经生物处理制成禽饲料；

—— 禽粪肥料化：建立禽粪无害化还田系统。

绵阳市A农场实践表明，200亩种养结合单元可实现：

—— 有机稻单产效益7000元/亩；

—— 食用菌产业增值10000元/亩；

—— 生态禽类附加产值8000元/亩。

综合产值达2.5万元/亩，较单一作物种植效益提升4—5倍。

4.4 产业升级路径展望

当前家庭农场经营模式转型需重点关注以下几点。

（1）种养结构优化：提升循环农业占比至15%；

（2）技术集成应用：推广“物联网+精准种养”技术；

（3）价值链延伸：发展农产品加工与农旅融合业态；

（4）政策支持体系：完善生态补偿与绿色信贷机制。

数据表明，采用循环经营模式的农场平均收益率较传统模式提升120%—150%，单位面积碳排放降低40%，具有显著的经济与环境双重效益。这为我国农业现代化转型提供了可复制的实践范式。

5. 按区域特征划分的经营模式

本书在产业类型划分的基础上，进一步从地形地貌维度构建区域经营模式分析框架，系统研究我国山区、丘区、坝区三类地理单元中家庭农场的差异化发展路径，为不同区域的农业经营主体提供实践参考。

5.1 山地经济开发模式

5.1.1 区域特征分析

山地生态系统呈现显著的空间异质性特征：①交通可达性指数低于全国均值38%，信息传播时滞较平原地区延长2—3倍；②人均土地资源占有量达6.8亩，超出全国平均水平2.3倍；③生物多样性指数高出平原区47%，具备特色物种保育优势。这种资源禀赋与基础设施的逆向分布形成特殊发展约束。

5.1.2 比较优势开发策略

建议采取“三维度开发模型”：①垂直空间利用——构建林果药茶立体

种植体系，单位面积产出提升40%—60%；②生态资本转化——通过有机认证溢价实现生态价值货币化，产品附加值可提升2—3倍；③文旅融合增值——依托景观资源发展体验农业，综合收益提升率可达150%。

典型案例显示，采用“林下经济+生态旅游”复合模式的农场，年营收构成中初级农产品占比降至45%，深加工产品占30%，服务性收入达25%，利润率较传统模式提升18%。

5.2 丘陵过渡带集约模式

5.2.1 资源约束特征

典型丘区呈现“三高三低”特征：人口密度达420人/平方千米，耕地碎片化指数达68%，水资源开发强度达82%；对应的土地垦殖率不足30%，机械化率低于40%，劳动生产率仅为全国均值的75%。这种资源紧约束倒逼精细化发展。

5.2.2 高效利用路径

建议构建“三精农业体系”：①精准配置——建立经作主导型种植结构，重点发展特色果园（单产提升35%）、道地药材（产值密度提高2.8倍）；②精细管理——推广“桑药间作—禽畜循环”系统，物质循环利用率达92%；③精品加工——发展特色农产品加工业，商品化率可提升至85%。

实证研究表明，采用“柑橘+中药材+林下鸡”种养循环模式的农场，土地生产率达3.8万元/公顷，较传统模式提高210%，化肥农药使用量减少45%。

5.3 平原集约化发展模式

5.3.1 要素集聚优势

坝区农业现代化指数显著领先：①耕地有效灌溉率98%，高出全国均值27%；②农机总动力达10.5千瓦/公顷，为丘陵区的3.2倍；③新型经营主体密度达8.6个/平方千米，从业人员大专以上学历占比18%。但面临耕地红线压力，人均耕地面积以年均0.8%的速度递减。

5.3.2 创新驱动策略

推行“四化转型”路径：①生产智慧化——建设物联网管理系统，劳动生产率可提升40%；②产品品牌化——发展地理标志产品，溢价空间达30%—50%；③功能多元化——开发休闲农业项目，土地综合收益提高3—5倍；④产业融合化——构建“生产+加工+服务”全链条，增值收益占比可达

60%。

监测数据显示，实施“稻渔共生+农事体验”复合经营的农场，单位面积产值达12万元/公顷，碳排放强度降低28%，游客重游率达65%，形成可持续的现代农业发展范式。通过构建“地理特征—资源禀赋—经营模式”的关联模型，为不同区域家庭农场提供了差异化的转型升级方案，对推动农业空间优化布局具有重要参考价值。

5.4 山区家庭农场经营模式

长期以来，我国山区存在着交通不便、信息不通、流通不畅的特征。这些特征决定了我国山区与坝区、丘区的经济发展水平和资源开发能力相比存在较大差异。山区特定环境必然会给家庭农场从事农业经营活动带来较大的困难。当然，山区也具有一些优于坝区、丘区的特征，比如山区可开发利用的自然资源丰富，人均占有土地面积高于坝区和丘区。如果家庭农场经营者是有文化、懂技术、会经营、善管理的经营人才，并具有较大的经营规模和较强的吸收投资能力，这就决定了地处山区的家庭农场仍然有条件通过发挥山区的资源优势，发展特色产业，扩大土地经营规模，获得较好的经济效益。

山区家庭农场经营模式的选择：通过以上对山区区域特征的分析，在山区发展家庭农场，应坚持“扬山之长，避山之短”的原则，选择“以种植业为主、种养结合”的经营模式或“生态农庄”经营模式为佳。

家庭农场选择“以种植业为主，种养结合”的经营模式时，在种植业方面，应以林、果、药、茶等经济作物为主；在养殖方面，应主要在鸡、鸭、鹅、兔等小家禽和牛、羊等食草动物饲养方面下功夫。选择“生态农庄”经营模式时，要充分利用山区良好的生态环境优势，生产绿色、有机农产品。这样，家庭农场经营的生态农庄及其所生产的绿色、有机农产品就会受到人们的关注，就会有越来越多的人对其产生强烈的向往，从而使家庭农场经营的生态农庄获得越来越好的经济效益。

5.5 丘区家庭农场经营模式

丘区具有山区和坝区的某些优势与劣势。一般来说，丘区的人口比较稠密，土地已被人们充分开发利用，人多地少的矛盾较突出，很多地方人均耕地不足1亩；水资源不丰富，交通也不很发达。但是，丘区农民的文化水平普遍高于山区，人们的思想观念较山区先进，社会经济条件比山区好。目前，丘区的农业生产仍然存在着“小而全”的格局和传统的耕作方法。因此，丘区应发挥其资源优势，在确保粮食稳定发展的前提下，积极发展现代养殖业，实行多种经营。同时，利用特定的地理环境和良好的外部条件，挖掘资源开发潜力，促进家庭农场的可持续发展。

家庭农场经营模式的选择：为了充分利用丘区的土地资源，地处丘区的家庭农场应选择种植业型经营模式和种养结合型经营模式。种植业方面，家庭农场发展应以果树、竹木、中药材等某一项目为主，形成适度规模化的果园、药园、茶园等种植业家庭农场经营模式；同时，家庭农场可以实行粮、经、菜、豆科作物套种，药果共生、药桑共生、药菜间种等种植模式，以提高土地生产率和经济效益。在养殖业方面，家庭农场可根据自身条件，选择生猪、奶牛、肉牛、渔业等不同类型的养殖业；特别是在发展养殖小家禽方面，家庭农场可利用丘区的荒坡、荒滩有水有草的条件，积极发展养殖小家禽，为社会提供更优质的禽类产品。

5.6 坝区家庭农场经营模式

坝区是我国农业较为发达的区域，也是我国农产品的主要产区。坝区与山区、丘区相比，有以下特点和优势：一是土地肥沃，宜种性好，便于机耕和灌溉；二是基础设施条件明显好于丘区、山区；三是农村二、三产业发达，农业经营项目和门类明显多于丘区、山区；四是坝区农村劳动力的文化程度和综合素质大大高于山区和丘区。但是，坝区的农业人口最集中、最稠密，人多地少的矛盾较之山区、丘区更加突出，而且人均占有耕地的绝对量呈逐年下降趋势。尽管如此，坝区的资源开发和经济发展仍有巨大潜力。在坝区发展家庭农场，要积极发展立体农业，提高土地生产率；要向城乡居民提供绿色生态农产品；要依托生态农业产业，通过打造产业文化、提供休闲农业设施，实现农旅结合，提高农业综合经济效益。

第2节　我国家庭农场的特征

通过前述的概括和对比，不难发现，家庭农场既是家庭生产经营也是社会化生产经营，符合农业再生产是经济再生产过程与自然再生产过程相互结合的基本特点。为此，本书对实践中的家庭农场归纳出以下七大典型特征。

1. 农户家庭经营

在人类学上，由亲子关系构成的生育社群被称为家庭。中国家庭其实是一个事业组织，家的大小通常依事业大小而决定。在我国农村社会，家庭是以血缘、婚姻、亲缘等为纽带组成的、具有一定亲密性和稳定性的经济组织单位。利他主义的驱使极大提升了家庭成员参与生产劳动的积极性，促使其能够主动应对和抵御各类自然灾害和其他突发危机事件；家庭成员利益一致，共享信息资源，可大幅降低监督费用、信息费用和交易成本；另外，家庭经营能够根据忙闲有致的季节性变化灵活地调整农业生产要素投入，从而达到长期稳定分工协作生产的状态。

2. 适度规模经营

家庭经营不等同于自然经济或小农经济，它必须达到相当规模才能全面融合现代农业生产要素并形成相应的规模效益。然而，受到我国土地资源可供性限制以及当前大多数地区尚不完全具备依靠大规模雇佣劳动力发展公司化经营的社会基础，故而国家的土地流转政策导向也只能是农村土地的有限集中和发展多种形式的适度规模经营，并由此成为当前转变农业发展方式的核心。“度”是家庭农场培育与成长的生命力，从各地实践来看，家庭农场经营规模并非越大越好，如果规模超过家庭自身经营能力，则经济效益、劳动效率和资源利用率等都可能下降，因此不能强行推进、盲目求大，这也导致各地对于家庭农场规模的认定出现差异化特征。笔者认为，这个“度”可以理解为现有技术条件下家庭农场经营者经营能力的上限与其生计需求下限之间的“规模”。

3. 专业化经营

专业化是人类社会经济发展进程中展现出的最本质特性，且在任何劳动生产部门都具有同一性。伴随农业生产技术的不断进步，商品性农业得到了促进和发展，并表现出农业的分工化与专业化，它也由此成为农业农村现代化的典型特征。在现代家庭农场生产经营过程中，经营者会遵循收益最大化原则，结合自身发展基础和专长，充分、合理地利用各类自然经济条件，选择具有比较优势的专门经营项目或生产方向，集中开展一项或以一项为主的生产经营活动。各地实践证明，家庭农场坚持“生产行为、生产过程、农业区域”三类专业化相统一，将超越“小而全”的生产结构，促进区域农业产业结构合理调整，有效利用自然与经济资源，从而提高农产品质量与数量，降低生产成本，是新时期农业农村现代化发展的必经之路。

4. **集约化经营**

促进农业发展方式由粗放型向集约型转变，既是农业农村现代化发展的内在要求，又是当前转变农业发展方式的基本路径。家庭农场集约经营就是将原来分散经营的土地进行规范有序流转，通过土地、资本、劳动力等要素的适度集中和组合调整，再依靠现代农机装备和技术手段进行精耕细作，以提高劳动生产率、资本回报率、技术应用效率和资源利用率的现代农业经营方式。其实质就是用农业技术置换农业资源，以更多的技术要素投入减少自然资源消耗，以达到增加生产经营效益、提升农产品质量及其竞争力和保护农业生态环境的目标。实践已经证明，中国发展家庭农场必须兼顾土地产出率和劳动产出率之间的均衡，因此，坚持集约化经营是我国家庭农场培育发展的现实选择。

5. **合作化经营**

随着专业化生产带来的农产品购销市场、农资市场、劳务市场范围的扩大及交易频率的上升，家庭农场将随时面临各类突如其来的政策风险、市场风险和农产品质量安全风险，为有效规避各类风险和实现利益最大化目标，各类家庭农场内生的合作需求将会越发强烈，家庭农场之间及其与其他经营主体之间的相互联结、互助合作就显得紧迫而重要。实践中，家庭农场往往选择以农民专业合作社为依托，通过联合生产类型相同或相近的农业经营主体组成利益联结体，共同开展农业专业化生产、产业化经营和企业化管理，在农产品纵向一体化经营过程中为成员提供生产资料、技术、资金、销售渠道等社会化服务，这是在现行分散家庭经营制度和传统产业化经营模式基础上的制度创新。

6. **市场化经营**

传统小农经济的生产经营决策缺乏足够的商品意识和市场竞争意识，另外受生产规模所限，供其对外销售的农产品及收入都较少。而与之截然不同的是，家庭农场市场化经营是农业社会化生产中的重要环节，它不仅是为了满足家庭成员的生活需要，更主要的是在商品经济与市场经济得到充分发展的社会背景下，通过立足优势资源和以市场需求为导向，选择适当的技术、适度的规模和适宜的品种进行商品化和专业化的生产经营（其中，各类农业生产资料均由市场提供，所需的农业生产指导、农业技术咨询、农业机械作业等社会化服务也依靠市场化方式解决），以最终实现提高家庭经济收入和收益最大化的经营目标。

7. 企业化管理

从广义上说，家庭农场与农业企业不是对立关系。企业化管理是有效提升组织化程度和解决农业生产与农产品购销市场隔绝问题的有效途径，而现代家庭农场本身就是一类具有高度组织形式的经营主体。因此，以现代企业标准化管理方式从事农业生产经营是现代家庭农场的基本特征之一。通过借鉴企业化管理模式，农场经营者能够积极参与社会分工协作，充分发挥协调与管理资源的能力，集聚资本、技术和知识，提高家庭农场的组织化程度和生产劳动效率，从而有效增强家庭农场在农产品市场中的综合竞争能力。

第4章

家庭农场设计创意

第1节　家庭农场规划设计

1. 核心规划原则

1.1 资源整合原则

（1）现有资源利用：优先改造原有房屋、道路、水渠等基础设施，减少重复投资；保留自然景观（如农田、河流、植被），减少生态破坏。

（2）优势资源挖掘：分析区位（如近城市或景区）、交通条件（物流便利性）、特色产品（如有机农产品、地方品种），针对性规划种植/养殖结构。

1.2 适度规模原则

（1）南北方差异化标准：北方建议6.67—8公顷，南方4—5.33公顷（受地形、作物类型影响）。

（2）家庭劳动力匹配：规模应匹配家庭成员管理能力，避免过度依赖雇工（可参考人均管理面积：如蔬果种植约1—2公顷/人）。

1.3 可持续发展原则

（1）生态保护：通过轮作、有机肥替代化肥、生物防治减少污染；规划湿地或生态沟渠以净化废水。

（2）循环农业：种养结合（如畜禽粪便堆肥还田）、资源化利用（如沼气池处理废弃物）。

2. 功能区规划要点

2.1 生产区（面积占70%—80%）

（1）种植区

—— 集中连片：同类型作物集中管理，提高机械化作业效率。

—— 品种搭配：早中晚熟品种结合（如草莓分批次种植），延长供应周期；间作套种（如玉米＋豆类）提升土地利用率。

(2) 养殖区

—— 分区隔离：畜禽养殖区与种植区保持卫生距离，中间设缓冲区(如绿化带)；水产养殖需独立水源。

—— 无害化设施：建设堆肥区、污水处理池，避免交叉污染。

2.2 示范区（面积占5%—10%）

(1) 技术展示：示范水肥一体化、智能温室等设备，吸引农业合作团体或研学团体参观。

(2) 新品种试种：引入抗病性强、市场潜力大的品种（如彩色小麦、功能蔬菜)。

2.3 休闲区（面积占10%—15%）

(1) 轻投入项目：采摘园、垂钓池、亲子农事体验区。

(2) 场景设计：利用自然景观打造步道、观景台，搭配季节性花卉（如油菜花田、向日葵迷宫)。

2.4 服务区（面积占5%—10%）

(1) 基础设施配套：停车场（按客流预估容量)、生态厕所（干湿分离设计)、简餐区（本地食材餐饮)。

(2) 动线优化：服务区靠近入口，与生产区保持距离，避免干扰。

3. 专项设计建议

3.1 水土保持方案

(1) 山地农场

—— 坡度＞25°的区域退耕还林，种植固土植物（如紫穗槐)。

—— 梯田宽度依坡度调整（缓坡3—5米，陡坡2—3米)，配套排水沟防涝。

(2) 平原农场：在田埂种植绿肥（如苜蓿)，减少水土流失。

3.2 道路系统设计

(1) 三级路网

—— 主干道（5—6米宽)：连接外部公路，满足货车通行。

—— 支路（3—4米宽)：串联功能区，采用透水混凝土以降低硬化影响。

—— 小路（1—2米宽）：卵石或木栈道，增强景观性。

（2）成本控制：休闲区道路可分期建设，初期用砂石路过渡。

3.3 排灌系统规划

（1）节水灌溉：经济作物优先采用滴灌（节水30%—50%），大田作物可选喷灌。

（2）排水设计：暗沟（地下PVC管）与明沟结合，坡度≥0.3%，保障排水效率。

3.4 绿化与设施布局

（1）生态隔离带：生产区周边种植香樟、女贞等降噪防尘树种。

（2）生产设施：

—— 大棚朝向南北，间距≥3米，保证采光；

—— 仓储区靠近主干道，设防潮层（尤其南方多雨地区）。

4. 风险规避与运营建议

（1）政策合规：确认土地性质（基本农田不可建固定设施），申请家庭农场备案及补贴（如农机购置补贴）。

（2）市场导向：通过CSA（社区支持农业）、电商预售降低滞销风险。

（3）成本控制：初期优先建设生产必需设施（如灌溉系统），休闲设施随客流量逐步完善。

5. 示例方案（南方小型家庭农场）

（1）面积：50亩左右

（2）功能区划分：

— 生产区（40亩）：蔬菜大棚10亩、水稻20亩、水产养殖5亩、果园5亩。

— 休闲区（5亩）：采摘园3亩、垂钓区1亩、草坪活动区1亩。

— 服务区（2亩）：停车场、农产品展销中心。

（3）特色设计：稻田养鱼（鱼稻共生）、果园散养鸡（种养循环）。

通过以上规划，家庭农场可实现生产高效化、生态良性化与收益多元化结合，以适应现代农业发展趋势。

第2节 家庭生态农场规划与旅游开发对策

1. 生态家庭农场建设中存在的问题

（1）景观开发缺乏科学性

当前乡村休闲旅游热度很高，生态文明和美丽中国建设又被反复提及，因表面利润率高、经营门槛较低，很多农村居民投入到生态家庭农场的建设之中，开发过程存在很高的盲目性。农民想拥有自己的生态家庭农场，当地政府又不加以关注和引导，开发建设过程无法根据当地实际情况因地制宜进行科学合理的布局规划。一些地区选择对原有的乡村休闲景观进行简单调整，以“生态家庭农场”之名投入运营，但吸引外地游客后无法提供相应的服务，游客失望而归不愿意再来，当地旅游的口碑也会变差；一些地区则是在未进行调研的情况下投入大量资金进行建设，建成的生态家庭农场不符合市场要求，吸引不到游客前来，迅速消耗了乡村景观的核心资源，还给农民的生产生活增加了压力。缺乏科学性的盲目开发，非但无法为乡村带来收益，还会给乡村振兴大计拖后腿。

（2）旅游景观功能单一

在过去很长一段时间，农家乐是我国大部分乡村休闲旅游的主要形式，包括吃饭、烧烤、打牌、聊天、唱卡拉OK等娱乐形式，功能较为单一且能满足城市生活需求。随着经济和生活水平的提升，单一的休闲娱乐活动已不能满足人们的要求，人们更希望能接触更真实的农村。农家乐的休闲活动主要包括吃饭、聊天等，功能较为单一。随着人们生活水平的不断提高，人们对乡村休闲旅游活动的要求也越来越高，农家乐这种单一的休闲活动方式已经逐渐不能满足人们的需求。

（3）旅游景观缺乏特色

在进行生态家庭农场旅游规划设计时，应充分考虑当地的实际情况，寻找地域特色、民族特色、生态特色并加以突出，以增强生态家庭农场对游客的吸引力。但现实情况是大部分生态家庭农场旅游规划设计缺乏自身特色，过于强调自然环境的展现，或过于强调农业活动的开展，缺乏更深入的分析与整合，导致生态家庭农场千篇一律，难以区分，也很难保持竞争力。

（4）生态保护意识不足

在生态家庭农场的开发中，生态是很重要的一环，而这个概念对于农民群体来说还较为新颖，在长期的生产生活中他们对生态保护概念的理解还存在偏差，习惯于追求眼前的经济利益，在提供生态农业服务的同时，会不自觉地忽略一些环境保护细节，造成生态环境的破坏，如生活废水直接排放、垃圾乱丢乱放等，长久之后一旦生态环境遭到破坏，恢复起来会很难，旅游资源也会因此丧失价值。

2. 生态家庭农场旅游规划设计要素

（1）生态家庭农场定位的规划设计

在进行生态家庭农场旅游规划设计要素分析时，要注重以生态旅游、特色旅游、农业产业、特色产业为主，充分保护和利用当地的生态环境，展现民族特色，将生态和农业产业结合起来，形成自己的区域特色和吸引力。借助国家乡村振兴战略带来的资源优势和市场效应，打造生态家庭农场，突出乡村休闲旅游特色。

乡村休闲旅游的战略定位，强调以休闲度假旅游为主导，除了传统的风景观光，还要将休闲度假和特色文化融入其中。在进行生态家庭农场旅游规划设计时，要综合考虑战略思想和自身定位，坚持全区域的生态保护和可持续发展。

（2）生态家庭农场地形的规划设计

“靠山吃山，靠水吃水”，山水园林、奇松怪石，各有各的特色。生态家庭农场旅游规划设计的基础要素是地形，对地形的规划设计以及对旅游路线的规划设计，直接影响着生态家庭农场的形象和层次。在进行生态家庭农场地形规划设计时，应尽可能保持当地的原有地形地貌，在此基础上进行调整和优化，避免因大规模改造导致当地地形地貌和生态环境遭受破坏。为了方便游客，发展乡村旅游的过程中有修建公路的必要，但公路穿过哪里、绕过哪里，要兼顾经济发展和地形，切不可破坏特色地形环境。

（3）生态家庭农场的植物景观规划设计

植物景观规划设计是生态家庭农场旅游规划设计的重要设计要素，植物景观是乡村休闲旅游中最具吸引力的部分，体现着乡村生态的自然和绿色。与城市道路景观设计、园林设计不同，在进行生态家庭农场植物景观的规划设计时，应首先保护原有植物的多样性，在此基础上引进新的植物种类，丰富生态家庭农场植物的多样性。在引进新物种时应避开会对原有植物生长环境造成破坏的类型，还要注重植物景观的搭配和布局，打造有层次、有错落、有疏密的植物景观。植物不同于其他景观，受到季节的影响，在进行植物景观设计时应考虑到四时应有不同的景观。

（4）生态家庭农场的水体与环境景观规划设计

水体与环境景观规划设计也是生态家庭农场旅游规划设计的重要设计要素。环境优美是乡村旅游开发中影响乡村旅游发展的重要因素，而水体景观是其中重要的部分。水体设计是造景的一部分，也影响着景观植物的选择和农业产业。巧妙利用水体造景，还可将其用于水体养殖，使水体兼具观赏性和经济价值。

（5）小结

在进行生态家庭农场旅游规划设计时，要进行市场调查，明确市场定位，防止出现投资浪费或低回报的情况。在规划设计中不可过分追求唯美，要考虑项目的现实环境和项目落地的可行性，确保投资回报。要有品牌意识，打造自己的区域品牌和特色，不可千篇一律，否则随着新农场越来越多，没有特色的旧农场会丧失竞争力，慢慢被遗忘。

第3节　家庭农场供应链金融创新模式研究

1. 新型农业经营主体融资困境与破解路径

当前，以家庭农场为代表的新型农业经营主体已成为乡村振兴战略实施的中坚力量。调研数据显示，18.87%的家庭农场存在显著资金缺口，如北大荒集团辖属家庭农场虽具备独特优势，但仍面临三重融资壁垒：一是普遍缺乏合规抵押物的传统困境；二是融资渠道单一与信息孤岛并存的结构性矛盾；三是金融机构信用记录体系覆盖不足的征信短板。突破这些障碍需要构建创新型无抵押融资解决方案。

2. 供应链金融基础优势分析

作为国内现代农业标杆，如北大荒集团为供应链金融创新提供了四大支撑：首先，通过种产销环节的统一管理实现规模化经营，特别是在农资采购和机械化种植方面形成标准化体系；其次，组织架构方面，家庭农场成员均为集团职工，与核心企业形成强关联关系；再者，依托农业科技服务中心的智能监测系统，构建了数字化基础设施；最后，根据“十四五”规划目标，农产品统营率提升将释放数百亿级市场空间，为供应链整合创造商业基础。

3. 区块链赋能的供应链金融模式构建

3.1 模式架构创新

以国营农场为核心节点，整合农资供应商、家庭农场、收储企业及金融机构，形成“1+N”联盟链。通过区块链技术实现四流合一（商流、物流、资金流、信息流），重点解决债权凭证拆分、信用穿透传导、风险动态管控等核心问题。

3.2 关键技术应用体系

（1）动态征信管理系统

建立区块链驱动的多维数据采集体系，涵盖经营数据、地块信息、作物生长监测等28个维度。通过智能合约实现信用评级动态更新，采用哈希算法确保数据不可篡改，遥感监测系统实时追踪地块状态，形成立体化风控网络。

（2）智能合约执行机制

—— 应收账款确权：将传统纸质凭证转化为可拆分数字债权凭证（DRF），支持多级流转；

—— 融资触发条件：作物生长周期数据达标自动释放授信额度；

—— 风险预警机制：设置价格波动、天气灾害等12项风险参数阈值；

（3）分布式账本应用

构建联盟链节点验证机制，由银行、核心企业、监管机构共同维护分布式账本。采用实用拜占庭容错（PBFT）共识算法，在保证数据安全的前提下实现每秒200+笔交易处理能力。

4. 业务流程再造

4.1 信用穿透传导路径

(1) 核心企业信用注入：国营农场基于采购订单签发数字债权凭证；

(2) 凭证智能拆分：利用区块链技术实现DRF的N级拆分流转；

(3) 融资闭环管理：收储货款自动回款至资金池，智能合约执行本息划转。

4.2 风险控制体系

(1) 三重验证机制：生物特征识别（地块负责人）+物联网设备ID+区块链哈希值；

(2) 动态质押管理：基于遥感数据的作物价值实时评估模型；

(3) 联合惩戒系统：建立链上失信黑名单，关联28家金融机构的信用数据库。

5. 实施保障机制

5.1 主体协同机制

(1) 核心企业责任清单：明确国营农场在订单管理、信息共享等6个方面的义务；

(2) 金融机构赋能计划：设立专项风险准备金池（首期规模为5亿元)；

(3) 政府角色定位：推动建立农业供应链金融监管沙盒制度。

5.2 技术保障体系

(1) 数字基建投入：三年内完成1000个物联网监测基站建设；

(2) 人才培育计划：实施“区块链+农业”复合型人才专项培养工程；

(3) 系统安全防护：通过等保三级认证，建立量子加密传输通道。

5.3 制度创新建议

(1) 推动《农业供应链金融管理条例》立法进程；

(2) 建立数字债权凭证法律效力认定标准；

(3) 完善农村产权抵押登记配套制度。

6. 模式效益评估

该模式预计可实现三大突破：融资成本降低40%以上，授信审批效率提升5倍，坏账率控制在1.2%以内。据测算，当数字债权凭证拆分层级达到5级时，单个核心企业可带动融资规模放大8—10倍，真正实现金融活水精准灌溉农业产业链。

本模式不仅为破解家庭农场融资困境提供了系统性解决方案，更为重要的是构建了现代农业与金融科技深度融合的创新范式，对推动农业供给侧结构性改革具有重要实践价值。后续需在监管科技应用、数据要素市场化配置等方面持续深化探索，以数字金融创新助力农业农村现代化进程。

第4节　文化建设创意

1. 家庭农场建设文化创意的必要性

在浩瀚的田园画卷中，家庭农场不仅是大地母亲温柔的馈赠，更是文化创意与自然和谐共生的璀璨明珠。当我们谈及家庭农场的文化创意时，我们不仅仅是在谈论一片土地上的耕耘与收获，更是在探索一种回归自然、融合艺术、激发灵感的生活方式，一种能够触动心灵、唤醒人们对美好生活向往的力量。

我们倡导的家庭农场文化创意，是将传统农耕智慧与现代审美理念巧妙结合。比如，利用废旧农具打造独特的艺术装置，既保留了岁月的痕迹，又赋予了其新的生命力；在农场的某个角落设立一个小型农耕博物馆，展示农耕工具的历史变迁，让来访者在亲身体验中感受农耕文化的深厚底蕴；或是举办季节性的文化节庆活动，如春季赏花节、夏日丰收音乐会、秋季农耕文化节、冬季围炉故事会，让文化与自然景观相得益彰，吸引更多人走进乡村，体验不一样的田园生活。

更进一步，家庭农场还可以成为创意农产品的孵化器。通过开发具有地方特色的农产品，如手工奶酪、有机果蔬、手工编织品等，结合品牌故事营销，不仅提升了农产品的附加值，也让消费者在购买的同时，感受到农产品背后那份对土地的深情与对文化的尊重。

总之，家庭农场文化创意是一场关于自然、文化与创新的深度对话。它让我们明白，真正的富足不仅仅是物质的丰收，更是心灵的充实与文化的传承。在这个快节奏的时代，让我们携手走进家庭农场，用创意点亮乡村，让每一分汗水都浇灌出希望之花，让每一颗心灵都能在自然的怀抱中找到归宿，共同书写属于这个时代的田园诗篇。

2. 家庭农场文化建设思路

在当今这个快节奏、高度工业化的时代，家庭农场不仅是农业生产的重要基石，更是传承农耕智慧、弘扬乡村文化、构筑和谐社会的宝贵载体。构建强有力的家庭农场文化，不仅能够激发家庭成员及员工的归属感与创造力，还能在广袤的乡村大地上，树立起一道道亮丽的风景线，引领农业可持续发展的新风尚。

（1）根植于土的情怀

尊重自然，和谐共生　家庭农场文化的核心，在于对土地的深情厚谊与敬畏之心。我们倡导的是一种与自然和谐共存的生产方式，鼓励使用生态友好的耕作技术，减少化学肥料和农药的使用，保护生物多样性，让每一寸土地都能健康呼吸，每一颗作物都能自然生长。这不仅是对环境的负责，更是对未来世代的承诺，让子孙后代也能享受到这片土地的丰饶与美丽。

（2）匠心独运的坚持

精益求精，品质至上　在家庭农场中，每一件农产品都承载着农人的汗水与智慧，是匠心与时间的结晶。我们坚持手工采摘、传统加工，力求保留食物最本真的味道与营养，让每一口食物都能成为连接消费者与大自然的桥梁。品质，是我们不变的追求，它不仅仅是产品的标准，更是我们对消费者健康的尊重与守护。

（3）家文化的传承

团结协作，共谋发展　家庭农场是一个大家庭，每一位成员都是这个家不可或缺的一部分。我们倡导开放、包容的家庭氛围，鼓励成员之间的沟通与协作，无论是家庭成员还是雇佣的员工，都能在这里找到归属感与成就感。通过定期的家庭聚会、技能分享会等活动，增强团队凝聚力，共同面对挑战，分享成功的喜悦，让家庭农场成为一个充满爱与希望的港湾。

（4）社会责任的担当

回馈社区，助力乡村振兴　作为乡村经济的重要组成部分，家庭农场不仅要追求经济效益，更应主动承担起社会责任。我们要积极参与乡村建设，通过提供技术培训、就业机会，帮助周边农户提升生产技能，共同促进当地经济发展。同时，开展公益项目，如环境改善、教育支持等，为乡村的全面发展贡献力量，让家庭农场成为乡村振兴的先锋队。总之，家庭农场文化建设是一场深刻而持久的变革，它关乎土地、人、社会与自然之间的和谐共生。让我们携手并进，在这片希望的田野上，共同书写家庭农场文化的新篇章，让农业成为有尊严、有前途、有爱的事业，为构建美丽中国贡献力量！

3. 家庭农场文化建设的价值

家庭农场不仅仅是一种农业生产模式，它更是连接过去与未来、自然与文化，以及人与土地之间深厚情感的桥梁。家庭农场文化的发展，不仅关乎农业的可持续性，更是传统农耕智慧与现代生活理念的一次深刻融合，其重要性不容小觑。

首先，家庭农场文化是乡土记忆的守护者。每一块被精心耕作的土地，每一栋承载着几代人记忆的老宅，都是历史与文化的活化石。在这里，孩子们能亲身体验播种与收获的喜悦，学习祖辈们与自然和谐共生的智慧，这些宝贵的经历是任何现代化教育都无法替代的。家庭农场通过保留和传承这些习俗与知识，让我们的文化根脉得以延续，让后代子孙能够铭记自己的“根”在哪里。

其次，家庭农场是生态平衡的维护者。在追求高效产出的现代农业体系中，家庭农场以其小规模、精细化管理的优势，能更加注重生态平衡与生物多样性保护。它们采用轮作休耕、有机施肥等传统农业技术，既减少了化学物质的使用，又促进了土壤健康，为动植物提供了更加适宜的生存环境。这种尊重自然、顺应自然的理念，不仅保障了农产品的安全与品质，更为地球生态环境贡献了力量。

再者，家庭农场文化促进了社区与经济的多元化发展。随着消费者对健康、绿色、有机食品需求的日益增长，家庭农场成为满足这一市场需求的重要力量。它们通过直销、农旅结合等方式，不仅增加了农民收入，还带动了乡村旅游、手工艺品销售等相关产业的发展，为农村经济注入了新的活力。

同时，家庭农场也成为城市居民体验田园生活、增进亲子关系、放松身心的理想场所，促进了城乡文化的交流与融合。

最后，家庭农场文化还是创新与传统并蓄的典范。在保持传统农耕文化精髓的同时，许多家庭农场积极引入现代农业科技，如智能灌溉、物联网监控等，提高了生产效率，降低了劳动强度。这种“新老结合”的模式，既保留了农业生产的传统韵味，又赋予了其新的生命力和竞争力，展现了家庭农场文化在新时代的无限可能。

总之，家庭农场文化的发展，是对自然、历史、社区及未来的深刻致敬。它不仅是农业可持续发展的基石，更是人类精神家园中不可或缺的一部分。让我们携手努力，共同守护和发展这一宝贵财富，让家庭农场文化在新时代的阳光下绽放出更加璀璨的光芒。

第5节　品牌建设创意

家庭农场虽然规模小、实力比较弱，但是仍然可以打造成“超级农民品牌”来增强市场竞争力，提高品牌的附加值。

因为打造品牌不是大企业的专利，小企业也需要打造品牌。小企业可以打造“小而美”的品牌，并通过用心经营获得长久的生命力。

1. 怎样才算打造了品牌

（1）有名气

说到品牌的知名度，会有两种声音：一种是名气不能大，名气都是吹出来的，名气大了危险；另一种是品牌名气就得大，没名气叫什么品牌？其实，我们可以客观地看待这个问题。要打造品牌，知名度是一个基础要求。再好的产品，如果没人听过，没人能第一时间消费产品，怎么有机会把市场做起来呢？当然，品牌的名气也得跟产品的质量相吻合。

（2）口碑好

消费者或公众对你的品牌有正面的认知，能让消费者产生正面、积极、美好的联想，也就是常说的品牌美誉度。“都说好”分为两种：一种是人们都说这个品牌“好”，虽然可能没有亲身体验过，但是听说这个品牌好；另一种是消费者体验过这个品牌，然后真的认为好。这些就叫“品牌的口碑”。

（3）产品卖得容易、卖得快

有品牌影响力的产品卖得相对容易，也可以说营销竞争力比较强。另外，我们站在消费者的角度分析，品牌产品容易卖，是因为消费者在做购买决定的时候，他的决策成本比较低，不用去货比三家。

（4）卖得贵、挣得多

这在专业上叫品牌的附加值高。有人说，品牌的东西就是卖得贵。其实卖得贵不是本质，挣得多才是本质。有些产品卖得贵，但是利润少，可能是其成本控制能力弱，消费者会质疑为什么别家的产品质量更好，成本还能更低呢？

2. 品牌到底是什么

必须有一个“好产品”，“好产品”的标准就是能解决消费者的问题，能解决用户的痛点，就是产品品质要好，至少要达到国家标准。

商标就是商品的标签，是品牌的法律基础，受国家相关法律的保护。

商标解决什么问题？顾名思义，就是给你的商品贴上标签，让你的商品有了专属的标识，解决了产品身份的问题。《中华人民共和国商标法》上注明，商标是“……用以证明该商品或者服务的原产地、原料、制造方法、质量或者其他特定品质的标志”，虽然法律并没有强制规定所有的商品必须注册商标，但是注册商标已经成为品牌打造的一个基础要求。

3. 家庭农场品牌建设方法

在当今这个竞争激烈且消费者日益注重品质与可持续性的市场中，家庭农场若要脱颖而出，构建强有力的品牌至关重要。一个成功的家庭农场品牌不仅能够提升产品的市场竞争力，还能加深消费者对农场理念及产品的认同感，从而建立长期的忠诚度。以下是一套有说服力的家庭农场品牌建设方法，旨在帮助农场主们打造独具魅力的品牌形象。

（1）明确品牌定位与核心价值

家庭农场需清晰界定自己的品牌定位，这包括确定目标消费群体、产品特色，以及农场所倡导的生活方式和价值观。是主打有机健康，还是强调本地新鲜，抑或是传承农耕文化？明确这些核心要素后，所有品牌传播活动都应围绕这一中心展开，确保信息的一致性和深度。

（2）打造独特品牌故事

每个家庭农场都有其独特的历史背景、家族传承或创新实践，这些故事是连接消费者与农场的桥梁。通过讲述农场主的创业历程、产品的种植故事或农场的环保举措，可以激发消费者的好奇心和共鸣，使品牌不仅仅是一个商标，而是一个有温度、有情感的存在。

（3）注重品质与认证

在品牌建设过程中，产品质量是基石。家庭农场应确保所有产品符合高标准的质量要求，无论是外观、口感还是安全性。积极寻求有机认证、食品安全认证等权威机构的认可，不仅能增强消费者的信任，也是品牌专业性和可靠性的体现。

（4）利用社交媒体与数字营销

在数字化时代，社交媒体和数字平台是品牌建设不可或缺的工具。通过定期发布农场日常、种植知识、产品介绍等内容，可以拉近与消费者的距离，增强互动性和参与感。同时，利用SEO优化、内容营销、直播带货等手段，可以有效扩大品牌影响力，吸引更多潜在客户。

（5）参与社区活动与农事体验

组织或参与当地的农贸市集、食品节、亲子农事体验活动等，不仅能让更多人直接接触到农场的产品，还能通过亲身体验加深对品牌的认知。这种面对面的交流方式，往往能建立起更加牢固的消费者关系，提升品牌口碑。

（6）持续创新与顾客反馈循环

市场在变，消费者的需求也在不断变化。家庭农场应保持敏锐的市场洞察力，不断尝试新产品、新技术或新的营销方式，以满足消费者的新期待。同时，建立有效的顾客反馈机制，及时调整策略，确保品牌发展始终贴近市场需求。

总之，家庭农场品牌建设是一个系统工程，需要耐心、创新和持续的努力。通过上述方法的综合运用，不仅能够塑造出具有鲜明个性和高度辨识度的品牌形象，还能在激烈的市场竞争中稳固地位，实现可持续发展。一个成功的品牌，是农场与消费者之间情感纽带的象征，是农场理念和价值的最佳代言。

第5章

家庭农场的科技与创意

第1节　家庭农场与数字化

在当前全球数字化浪潮汹涌澎湃的背景下，习总书记对数字技术、数字经济的发展给予了前所未有的高度重视，并多次做出具有深远影响的重要指示。这些指示不仅为我国数字经济发展指明了方向，也为农业领域的转型升级提供了根本遵循和强大动力。《中华人民共和国国民经济和社会发展第十四个五年规划和2035年远景目标纲要》明确提出“加快数字化发展，建设数字中国”的战略目标，这标志着数字化转型已成为国家发展的重要驱动力。

2022年中央一号文件进一步聚焦农业领域，强调“推进智慧农业发展，促进信息技术与农机农艺融合应用”，这不仅是对农业现代化路径的精准描绘，也是实现乡村振兴战略的关键一环。在此背景下，通过农业数字化转型发展促进农业农村现代化，不仅是党中央的战略部署，更是全体人民的共同期盼和奋斗目标。

家庭农场作为现代农业的重要组成部分，以其独特的经营模式和显著的优势，在农业发展中扮演着举足轻重的角色。家庭农场以农民家庭成员为主要劳动力，以农业经营收入为主要来源，充分利用家庭承包土地或流转土地，开展规模化、集约化、商品化的农业生产。这种经营模式保留了农户家庭经营的内核，坚持了家庭经营在农业生产中的基础性地位，既符合我国基本国情，又契合农业生产特点和经济社会发展阶段，是农户家庭承包经营的升级版，也是引领适度规模经营、发展现代农业的生力军。

作为现代农业的主要参与者和践行者，家庭农场在农业数字化转型发展中肩负着重要责任。它们不仅是新技术、新模式的试验田，更是推动农业产业升级、提高农业生产效率和农产品质量的重要力量。因此，深入研究如何发挥家庭农场在农业数字化转型中的积极作用，对于促进乡村振兴、实现农业现代化具有深远的现实意义。未来，应进一步加大对家庭农场数字化转型的支持力度，通过政策引导、技术培训、资金扶持等多种方式，帮助家庭农场提升数字化水平，推动信息技术与农业生产深度融合。同时，还应加强家庭农场之间的合作与交流，形成优势互补、资源共享的良性发展格局，共同推动农业数字化转型迈上新台阶，为实现农业农村现代化和乡村振兴战略贡献力量。

1. 数字技术赋能现代农业：中国农业数字化转型研究综述与展望

1.1 农业信息化：从概念萌芽到实践探索

20世纪末以来，以“农业信息化—数字农业—农业数字化转型”为脉络的概念演进，深刻反映了学术界对科技赋能农业的认知深化过程。孙九林等学者早在世纪之交即预言信息农业将成为现代农业发展的关键引擎，指出其具有优化资源配置、提升国际竞争力等战略价值。汪懋华提出精准农业七大研究课题，郭新宇等强调信息标准化的基础作用，为数字农业奠定理论基础。值得注意的是，石元春等学者强调农业的复杂特性导致信息化进程具有长期性，朱启臻警示互联网技术的应用边界，体现了早期研究者的辩证思考。

1.2 数字农业技术体系的构建路径

在实践推进层面，学界聚焦三大技术突破方向：赵春江倡导将数字农业作为产业升级突破口，唐华俊构建“感知采集—智能诊断—精准管控”的技术创新链。研究证实，数字农业技术体系涵盖农业生产模型、虚拟仿真、智能温室控制等核心模块，其技术图谱已从理论构想延伸至田间应用。特别是在数据采集环节，卫星遥感、物联网传感器等技术的集成应用，使得“天地空”一体化监测成为可能。

1.3 数字化转型的多维推进策略

面对转型深水区，孙九林等强调基础设施与数据要素的基础作用，王小兵提出“政策引领—网络筑基—电商先行—数据驱动—示范培训”五位一体推进策略。实证研究表明，龙海波倡导的“数据驱动标准化＋互联网全链融合＋商业模式创新”模式，在浙江等数字经济先行区取得显著成效。但刘元胜等指出，系统规划缺失、基础设施薄弱、主体能力不足等现实瓶颈，导致数字红利释放受阻，亟须构建政府—企业—科研院所协同创新机制。

1.4 新型经营主体的数字化转型挑战

尽管2013年中央一号文件催生家庭农场研究热潮，但数字技术与新型经营主体的融合研究仍存在明显空白。现有文献中，胡晓斌关于家庭农场数字化管理系统的探索具有开创意义，但尚未形成系统理论框架。殷浩栋的田野调查揭示，经营主体数字能力与基础设施供给间的结构性矛盾，导致“数字鸿沟”现象突出，这为后续研究指明了方向。

1.5 研究展望

当前学术界在数字化转型战略层面已形成共识，但对新型农业经营主体的角色定位、参与机制等的微观研究明显不足。特别是在家庭农场等新型主体如何通过数字化实现规模经营、如何构建利益联结机制等方面，亟待构建具有中国特色的理论分析框架。这既是本研究的切入点，也是推进农业农村现代化亟须破解的现实课题。

2. 家庭农场在农业数字化转型进程中的独特价值

自2013年中央一号文件实施以来，各级政府部门将培育家庭农场、农民合作社、专业大户及农业龙头企业等新型经营主体作为破解“三农”难题的核心举措。家庭农场与数字农业呈现协同演进特征，一方面农业数字化转型为家庭农场提质增效创造机遇，另一方面家庭农场的良性发展又反向催生数字农业、智慧农业等创新业态。作为新型农业经营体系的关键组成部分，相较于传统小农经济主体，家庭农场在农业数字化转型中展现出不可替代的独特价值。其核心价值主要体现在：

（1）农业科技成果转化的示范引领价值

运用现代数字技术等科技成果改造传统农业，构建现代化生产体系以实现农业增效、农民增收，已成为乡村振兴的战略路径。数字技术需通过规模化应用方能转化为现实生产力，进而推动农村经济结构升级。家庭农场凭借其适度规模的土地经营、多样化的产品结构及集约化生产特征，对数字化种植管理、物联网营销体系及电商平台应用具有内生需求。农场经营者普遍由具备专业素养、管理能力及创新意识的新农人构成，这使其更易突破传统生产惯性，率先开展智慧农业实践，并通过成果展示形成技术扩散效应，带动区域农业转型升级。

（2）新兴业态孵化的创新试验价值

数字化转型必然催生农业新业态，但任何创新模式的培育均需经历“试点—推广”的渐进过程。在数字技术驱动下，创意农业、订单农业、智慧设施农业等业态相继涌现，其运营模式的优化与风险防控机制的建立需要系统化探索。小规模农户受限于资源禀赋、技术储备及抗风险能力，难以承担业态创新的试错成本。而家庭农场依托适度的经营规模、专业化的管理团队及显著高于个体农户的抗风险能力，成为数字农业新业态最适宜的试验载体，为行业创新发展提供了实践样本。

（3）数字基建落地的战略支点价值

完备的数字基础设施是农业数字化转型的基石，5G网络、数据中心等新型基础设施需构建“点—线—面”联动的空间布局。当前农村土地闲置问题尚未根治，小农兼业化导致的生产主体缺位，使得分散农户难以承担基建节点功能。家庭农场作为土地规模经营者，既具备承接智能灌溉、环境监测等数字化装备的物理空间，又存在通过基建升级改善生产效率的强烈诉求，自然成为数字基建网络的关键锚点，有效破解“最后一公里”落地难题。

（4）乡村数字生态的建构主体价值

数字乡村建设既是乡村振兴的必由之路，也是数字中国战略的有机组成部分。家庭农场经营者群体中，返乡创业者、退伍军人及涉农专业毕业生占比显著，其数字化素养、创新意识与资源整合能力，使其能够深度应用物联网、区块链、AI等前沿技术重构农业生产流程。这类主体不仅加速了农业全链条数字化改造，更通过电商直播、农旅融合等模式创新，推动了乡村数字生态体系构建，实质上成为数字乡村建设的核心实施主体与价值创造者。

3. 家庭农场助推农业数字化转型发展的可能模式

在农业现代化进程中，家庭农场基于自身需求，可通过以下四种模式推动数字化转型。

3.1 产品推介型

家庭农场依托数字技术打通产销链路，破解规模化生产带来的销售难题。我国平原地区家庭农场规模可达千亩以上（如吉林延边超2000亩），丘陵山区普遍为50—500亩，其规模化产出亟须高效营销渠道。通过直播电商、社交平台等数字工具，可突破传统销售半径，实现供需精准匹配。

——市场触达：利用互联网低成本、广覆盖的特性对接全国消费者；

——数据驱动：基于消费大数据分析调整产品结构，预判市场风险；

——品牌增值：构建可视化溯源体系，提升产品溢价能力。

典型案例：头部电商平台助农专区日均撮合交易超百万单，数字营销使优质农产品溢价率提升20%—30%。

3.2 效率提高型

数字技术重构农业生产流程，推动降本增效。

—— 精准作业：物联网传感器实时监测土壤墒情，智能灌溉系统节水30%；

—— 智能装备：植保无人机作业效率达人工的60倍，北斗导航播种精度误差为±2.5厘米；

—— 流程优化：ERP系统整合种养管收全环节，管理成本降低18%。

实践表明，数字化改造可使亩均生产成本下降12%—15%，产能提升20%以上。

3.3 技术服务型

构建“云端农技站”破解传统推广瓶颈。

—— 知识获取：农业专家系统提供24小时在线诊断，解决80%常见技术问题；

—— 经验共享：家庭农场主通过短视频平台传播实操技术，触达效率较传统培训提升50倍；

—— 协同创新：区块链技术实现种质资源数字化确权，促进产学研用协同。

如山东寿光数字农业服务平台年服务农户超10万人次，技术转化周期缩短40%。

3.4 风险管理型

数字化风控体系应对三重风险。

—— 自然风险：卫星遥感+气象大数据实现灾害预警提前72小时；

—— 市场风险：期货价格预测模型准确率达85%，指导错峰销售；

—— 政策风险：政务大数据平台实时解读惠农政策，申报通过率提升35%。

如广东试点“数字农保”平台，通过物联网数据核验，理赔效率提升70%。

3.5 模式选择与协同效应

家庭农场可依据区域条件（基础设施/产业特征/资源禀赋）选择主导模

式，建议组合路径如下。

——平原商品粮基地：效率优先型（70%）+风险管理型（30%）；

——都市近郊农场：产品推介型（50%）+技术服务型（30%）；

——山区特色农业：技术服务型（40%）+风险管理型（40%）。

数字化转型使家庭农场平均经营收益提升25%—40%，技术扩散带动周边农户增收15%以上，成为乡村振兴的重要引擎。随着5G、AI、数字孪生等技术的渗透，未来将涌现更多融合创新模式，推动农业生产率向工业级生产率迈进。

4. 家庭农场助推农业数字化转型发展的现实困境

相较于分散经营的小农户，家庭农场因其规模化、集约化特征，在农业数字化转型实践中展现出更强的实施意愿与主体优势。然而受历史条件制约，我国家庭农场仍处于初级发展阶段，在推动农业数字化转型过程中面临多重制约因素，主要体现在以下方面。

4.1 数字化转型社会共识尚未形成

我国传统农业生产方式与数字化转型之间存在显著的代际鸿沟。调研显示，76.3%的家庭农场主对数字农业的认知局限于基础的信息化设备使用，对智慧农业系统、农业大数据等核心概念存在认知盲区。从业者普遍存在三重疑虑：在价值层面质疑数字化转型的必要性（“为何要转”），在可行性层面担忧技术适配性（“能不能转”），在实施层面困惑于转型路径（“怎么转”）。这种认知局限导致多数经营者固守传统生产模式，数字化转型的社会共识尚未突破“技术发烧友”的小众圈层。

4.2 转型支持政策体系尚未健全

现行农业政策与数字化转型需求之间存在结构性错配。调查发现，81.5%的家庭农场反映缺乏明确的数字化转型政策指引，具体表现为：财政支持聚焦硬件购置而忽视系统运维，技术标准缺失导致设备互联互通困难，数据权属不清制约经营主体数据资产积累。政策体系的碎片化导致三大发展梗阻：资源配置效率降低23.7%，产业结构升级周期延长40%，技术创新扩散速度减缓35%。亟须构建涵盖技术研发、设施建设、人才培育等方面的集成式政策框架。

4.3 新型数字基础设施建设滞后

农村数字基建存在明显的“最后一公里”短板。统计显示，农业主产区5G网络覆盖率不足28%，物联网终端部署密度仅为制造业的1/15。这种基础设施落差形成三重发展瓶颈：①生产技术迭代受阻，精准作业设备使用率低于12%；②供应链数字化断裂，农产品电商化率较城市低42%；③数据要素价值耗散，农业生产数据采集利用率不足5%。破解该困境需建立“政府引导—市场主体—社会参与”的共建机制，通过PPP模式将农村数字基建投资强度提升至GDP的1.2%。

4.4 涉农数字技术人才严重断层

农业数字化转型遭遇人力资本瓶颈。数据显示，家庭农场主平均年龄为49.3岁，数字技术接受度指数较城镇低58%；农业院校数字农业专业招生缺口达73%，人才供给与产业需求的结构性矛盾突出。具体表现为：①技术应用层，81%的经营主体缺乏系统操作能力；②运维管理层，数字设备故障自主排除率不足15%；③创新研发层，农业AI算法工程师缺口超10万人。这种人力资本困境导致数字化转型陷入“设备空转—数据沉睡—价值流失”的恶性循环。

5. 支持家庭农场助推农业数字化转型发展的对策建议

农业数字化转型是农业农村高质量发展的必然选择，但受限于农业从业者的认知局限、技术基础薄弱及资源约束等现实问题，需通过系统性、分层次的政策设计与实践探索推进。基于家庭农场的主体地位，建议从以下四方面构建实施框架。

5.1 构建分层传播体系，培育数字农业发展共识

（1）精准化舆论引导机制

—— 实施差异化传播策略，针对小农户开展“数字技能扫盲工程”，通过乡村广播、农技站培训等传统渠道普及数字农业基础知识；面向家庭农场等新型经营主体，重点推广智能农机应用、农产品电商运营等进阶内容。

—— 建立“数字农业体验中心”网络，在县域层面打造沉浸式技术展示平台，设置VR种植模拟、物联网设备实操等互动场景。

（2）场景化案例示范工程

—— 遴选“数字农业先锋家庭农场”，形成涵盖粮食生产、设施农业、

特色种植等不同领域的示范案例库。

—— 构建“1+N”技术扩散模式，每个示范农场定点帮扶周边5—8个小农户，通过田间课堂实现技术溢出。

5.2 创新政策供给模式，优化转型制度环境

（1）动态化政策工具箱

—— 制定《家庭农场数字化分级补贴标准》，依据数字化投入强度实施阶梯式补贴。

—— 建立“数字农业技术白名单”，对区块链溯源系统、智能灌溉设备等关键技术装备给予30%—50%的采购补贴。

—— 试点“数字农业专项信贷”，对获得省级以上数字化认证的家庭农场提供LPR基准利率下浮20%的优惠贷款。

（2）协同推进机制

—— 构建“政府+平台企业+科研机构”三方协作体系，政府负责基础设施建设与政策保障，阿里云、拼多多等企业提供技术解决方案，农科院所开展适应性技术研发。

—— 建立县域数字农业发展指数评估体系，将家庭农场数字化覆盖率纳入乡村振兴考核指标。

5.3 实施数字基建“三网融合”工程

（1）建设分级基础设施网络

—— 骨干网：推进5G基站“村村通”工程，2025年前实现重点农业乡镇全覆盖。

—— 专用网：在国家级现代农业产业园部署农业物联网专网，配置环境传感、无人机巡检等专用设备。

—— 服务网：每个乡镇建设数字化综合服务中心，配备云计算终端和数据分析师岗位。

（2）创新投资运营模式

—— 推广“REITs+PPP”融资机制，将数字农业基建项目打包发行不动产投资信托基金。

—— 探索“用者付费”模式，家庭农场按使用频次支付智能设备租赁费用。

5.4 构建“三维一体”人才支撑体系

（1）本土化培养工程

—— 实施“新农人数字素养提升计划”，每年遴选5000名家庭农场主进行为期6个月的模块化培训。

—— 建立“数字农技推广员”制度，每县配置10—15名专职人员开展技术指导。

（2）柔性化引进机制

—— 制定《数字农业人才下乡补助办法》，对在乡村服务满3年的技术人才给予住房补贴和职称评审倾斜。

—— 创建“周末工程师”平台，引导城市科技人员通过远程协作参与农场数字化改造。

（3）生态化留人环境

—— 开发“数字农业创客空间”，配套实验农田、检测实验室等共享设施。

—— 建立数字农业成果转化收益分配机制，技术人才可通过技术入股获得农场经营分红。

第2节　家庭农场与循环农业

家庭农场作为适度规模化经营的重要载体和生态技术应用的先锋，展现出了巨大的潜力与价值。家庭农场凭借其规模适中、管理灵活、易于推广生态技术的特点，恰好契合了循环农业发展的两大核心支撑条件：一是资源的高效循环利用，二是生态友好型技术的广泛应用。因此，依托家庭农场这一具有典型性和代表性的农业经营主体，是推动循环农业生产模式落地生根、提质增效的有效途径。通过优化家庭农场内部的资源配置，实施精准农业管理，可以有效减少化肥、农药的过度使用，促进农业废弃物的资源化利用，如秸秆还田、畜禽粪便发酵等，形成闭环的生态系统。同时，引入现代农业科技，如智能灌溉、精准施肥、病虫害生物防治等，不仅能大幅提升农业生产效率，还能显著提升农产品的绿色品质，满足市场对高品质农产品的需求。

此外，家庭农场还可以作为示范点，引领周边农户采用循环农业的生产方式，通过技术培训和经验分享，带动整个区域的农业向更加环保、高效的方向转型。政府应加大对家庭农场的政策支持与资金投入，鼓励其探索具有更多创新性的循环农业实践，如建立生态农业合作社、发展农产品深加工等，从而进一步提升农业生产的经济效益与社会效益，为实现农业可持续发展目标贡献力量。

1. 循环农业与家庭农场协同发展：推动农业现代化的路径与挑战

1.1 循环农业：驱动农业可持续发展的核心引擎

我国在经济发展过程中长期面临生态环境恶化与资源约束趋紧的双重挑战。传统粗放型农业模式导致耕地质量下降、面源污染加剧，农业可持续发展面临严峻考验。循环农业通过“资源—产品—再生资源”的闭环运行体系，实现了三大突破性价值。

（1）经济效益方面：通过有机肥替代化肥、生物防治技术应用，降低生产成本15%—30%，同时优质农产品溢价可达市场均价的20%以上。

（2）生态效益层面：据农业农村部数据，循环农业模式可使单位面积化肥使用量减少40%，农药残留降低60%。

（3）社会效益维度：满足消费升级背景下对绿色农产品的刚性需求，2022年有机农产品市场规模突破800亿元，年增速保持在20%以上。

家庭农场作为新型经营主体，其适度规模化（50—300亩）特征与循环农业技术要求高度契合。典型案例显示，采用种养结合模式的家庭农场，每公顷土地综合收益可提升35%，废弃物资源化利用率达90%。

1.2 技术创新：家庭农场转型升级的核心动能

农业生产要素的时空特性决定了技术创新的特殊路径。家庭农场通过三大技术创新维度实现质效提升。

（1）生物技术应用：生物菌剂使秸秆还田效率提升50%，畜禽粪污处理周期缩短70%。

（2）数字技术融合：物联网监测系统降低人工成本40%，精准施肥系统节本增效25%。

（3）装备技术升级：中小型农业机械适配度提高，单位面积机械作业成本下降30%。

江苏省试点数据显示，采用循环技术包的家庭农场，劳动生产率提高

2.3倍，土地产出率增长45%，商品化率突破85%。这种“技术—规模—效益”的良性循环，正在重塑农业生产函数。

1.3 现实困境：多维障碍制约协同发展

（1）认知鸿沟与技术传播断层

调查显示，73%的家庭农场主对循环农业的认知停留在概念层面，仅有12%能系统掌握3项以上核心技术。技术推广存在“最后一公里”难题，基层农技站服务半径过大（平均服务比例为1∶5000），导致技术转化率不足40%。

（2）经济激励与政策协同不足

要素价格剪刀差持续扩大：2018—2022年，化肥价格累计上涨58%，而粮食收购价涨幅仅19%。补贴政策结构性失衡，农机补贴流向合作社的比例达65%，家庭农场实际受益不足20%。土地流转成本年均增长8%，挤压了技术投入空间。

（3）制度供给与市场机制缺位

全国土地流转规范合同签订率仅61%，流转期限为3年以下的占47%。金融服务方面，73%的家庭农场面临融资难，绿色信贷覆盖率不足15%。农产品质量追溯体系覆盖率仅为38%，优质优价机制尚未完全形成。

1.4 突破路径：构建四位一体支持体系

（1）技术赋能：建立“科研院所＋农技推广站＋示范农场”三级传导机制；

（2）政策协同：创新“生态补贴＋技术券＋保险担保”组合工具；

（3）市场驱动：完善绿色农产品认证体系和碳交易市场衔接；

（4）制度创新：试点土地经营权证券化，发展农业供应链金融。

浙江湖州的实践表明，通过构建“政府引导—市场运作—主体参与”的协同机制，家庭农场循环技术采纳率提升至68%，单位产值增加40%，为全国提供了可复制的经验样本。未来需要以系统思维推进制度创新，真正释放循环农业与家庭农场的协同发展潜力。

2. 家庭农场的循环农业模式建设

2.1 家庭农场循环农业产业链的构建

2.1.1 循环农业的核心思想：用“循环”让农业更高效、更环保

传统农业像一条“直线”：投入资源→生产→丢弃废弃物。循环农业则

是把这条线“绕成圈”，让资源反复利用，减少浪费和污染。家庭农场做循环农业，就是要用更少的资源种出更多产品，同时把废弃物变成“宝贝”，最终实现省钱、增收、护环境三大目标。

2.1.2 循环农业的六大法宝

（1）减量化：省着用，精准用

—— 怎么做?

精准施肥：用测土配方技术，缺啥补啥，不浪费肥料；

滴灌技术：像打吊针一样给作物供水，节水30%以上；

科学投喂：根据畜禽生长阶段配制饲料，减少浪费。

（2）再利用：一物多用，循环使用

—— 例子：

养殖场的冲洗水经处理后浇菜地；

温室大棚白天种菜，晚上用LED灯种蘑菇。

（3）资源化：垃圾变黄金

—— 经典案例：

秸秆粉碎发酵→做成饲料或有机肥；

畜禽粪便→沼气发电→沼渣种菜；

烂菜叶→黑水虻养殖→高蛋白饲料。

（4）产业化：小农场也能玩转产业链

—— 成功模式：

种水稻→米糠喂鸡→鸡粪肥田→稻田养鱼→鱼塘泥种菜；

油料作物榨油→油渣做饲料→畜禽养殖→粪肥还田。

（5）精细化：像管工厂一样管农场

—— 关键工具：

智能传感器实时监测土壤湿度、温度；

物联网系统自动控制灌溉、通风等设备；

生产管理软件记录每块地的投入产出。

（6）无害化：绿色生产更值钱

—— 必做事项：

生物防治代替农药（如用瓢虫治蚜虫）；

物理防虫（黄板、杀虫灯）；

申请绿色食品认证，价格翻倍。

2.1.3 家庭农场循环模式三大招

（1）纵向耦合：自家产业链闭环（适合中小型农场）

—— 经典组合：

种植区→养殖区→加工区→销售端。

—— 例子：

玉米种植→秸秆青贮饲料养牛→牛粪发酵种蘑菇→菌渣肥田→有机玉米高价卖出。

（2）横向耦合：跨界合作赚大钱（适合有资源的农场）

—— 创新玩法：

与食品厂合作，残次果蔬做果酱；

和能源公司联手，沼气发电上网；

联合旅行社，开展循环农业观光＋采摘体验。

（3）区域耦合：全村一起循环（适合合作社或村集体）

—— 区域循环案例：

农场秸秆→供应村饲料厂；

养殖场粪便→集中处理成有机肥；

加工厂废料→统一回收做基质；

形成“种植—养殖—加工—能源”生态圈。

2.1.4 实操三步走

（1）摸底诊断

—— 画资源流程图：标出所有投入品和废弃物；

—— 算经济账：哪些环节浪费最严重，哪些废物可再利用。

（2）设计循环链

—— 优先纵向耦合（成本低）；

—— 再找横向合作（效益高）；

例如养鸡场先用鸡粪肥田（纵向），再联合豆腐坊用豆渣喂鸡（横向）。

（3）关键技术

—— 必备：堆肥技术、沼气工程、水肥一体化；

—— 升级：物联网监控、生物转化（如黑水虻处理厨余）。

2.1.5 成功案例参考

—— 浙江某家庭农场

10亩鱼塘+5亩菜地+200头猪。

模式：猪粪→沼气池→沼液种菜→菜叶喂鱼→塘泥肥田；

效益：化肥用量减少70%，综合收入提升40%。

—— 北方温室大棚

模式：草莓种植→蜜蜂授粉→菌棒种菇→菌渣养蚯蚓→蚯蚓粪种草莓；

特色：冬季用沼气加热，全年无休。

2.1.6 常见问题解答

Q：启动资金不够怎么办?

A：先做“零成本循环”，比如用厨余堆肥，收集雨水灌溉。

Q：技术太难学不会，怎么办?

A：参加政府培训（很多地方免费），或购买现成设备（如智能堆肥箱）。

Q：怎么打开销路?

A：讲好循环农业故事，做可视化溯源（让客户用手机扫描二维码看生产过程）。

小结：家庭农场搞循环农业，就像玩“资源俄罗斯方块”——把各种生产环节巧妙对接，让每个废弃物都能找到“用武之地”。既省成本又环保，还能卖出高价，这才是现代农业的致富新路!

2.2 家庭农场生态循环模式典型案例解析

在循环农业理论与实践的不断融合中，各地因地制宜形成了各具特色的家庭农场发展模式，以下是具有代表性的九种类型。

2.2.1“沼气能源+”生态链模式

四川作为沼气技术先行区，在成都平原等地形成了特色循环体系。农场通过沼气池将畜禽粪便、秸秆等废弃物转化为清洁能源，实现“三沼”（沼气、沼液、沼渣）循环利用：

—— 沼气用于炊事和照明，替代传统薪柴；

—— 沼液作叶面肥，沼渣当有机肥还田；

—— 形成“种养结合—废弃物转化—能源回用”闭环；

该模式既降低能源支出，又减少面源污染，显著改善农村人居环境。

2.2.2 “粮果畜沼经”复合模式

适用于干旱半干旱地区，通过：

—— 水窖集雨＋滴灌技术提高用水效率；

—— 粮食作物与经济作物轮作套种；

—— 养殖废弃物经沼气池处理后还田；

—— 形成立体种养结构。

典型案例显示，该模式可使综合收益提升30%以上，水土保持效果显著。

2.2.3 林草生态修复模式

在黄土高原等水土流失严重地区推行：

—— 退耕还林，建设防护林体系；

—— 林下种植牧草，发展养殖业；

—— 坡地改梯田，保土保肥。

通过“林护田—草养畜—畜肥田”循环，植被覆盖率提升至60%。

2.2.4 山地立体农业模式

针对丘陵山区的特点，构建：

[海拔梯度]

—— 300米以下：稻鱼共生系统；

—— 300－500米：果草畜循环带；

—— 500米以上：生态防护林区。

通过“林果间作＋种养配套”，实现每公顷土地产值提升2.3倍。

2.2.5 水稻全产业链利用模式

构建“稻—畜—能”体系：

—— 水稻秸秆→青贮饲料→畜禽养殖；

—— 禽畜粪便→沼气发电→加工厂用能；

—— 沼渣沼液→有机肥→稻田施用。

典型案例中，该模式使稻米品质提升1个等级，综合效益增加45%。

2.2.6 果园生态种养模式

创新“果—草—禽”立体经营：

—— 果树行间种植牧草；

—— 林下散养家禽（每公顷≤150羽）；

—— 禽粪经堆肥处理后还田。

试验数据显示，该模式可使化肥用量减少60%，优质果率提高25%。

2.2.7 乳业循环体系

构建“饲草种植→奶牛养殖→粪污处理→能源回用”链条：

—— 牛粪制备沼气，供挤奶厅使用；

—— 沼液用于饲草基地灌溉；

—— 粪渣制作有机肥外销。

某万头牧场应用后，年减排CO_2当量约1.2万吨。

2.2.8 海洋牧场模式

推行多营养层级养殖。

—— 表层：藻类（吸收富营养）；

—— 中层：滤食性贝类；

—— 底层：腐食性海参。

搭配鱼虾蟹立体养殖，使单位水体产出提升3—5倍，病害发生率下降40%。

2.2.9 多元复合模式

典型如“猪—沼—菜—渔”系统：

生猪养殖→粪污制沼→沼液种菜→菜叶养鱼→塘泥肥田。

该四联循环使资源利用率达92%，较传统模式节水65%。

每种模式均体现“资源—产品—再生资源”的闭环思维，通过物质能量多级利用，实现经济效益与生态效益双赢。实际应用中需根据地域特点进行参数优化，建议家庭农场主通过农业技术推广部门获取定制化方案。

2.3 我国家庭农场发展循环农业的模式选择

家庭农场发展循环农业的实质是对农业生产过程中的优化设计，以实现农业资源与农业能源减量化、优化资源配置、降低农业污染和循环利用资源等，通过建立完善的农业生态系统结构，有效调整农业生产方式，降低资源利用成本，在创造更大的经济效益的同时加快社会效益的提升。因此，按照生产要素投入的不同维度，可根据家庭农场循环农业的特点将其分为以下几种模式。

2.3.1 土地高效综合利用模式

土地高效综合利用模式是家庭农场实现可持续发展和生态农业的重要途径。以下是对现有模式的系统梳理和深度分析。

（1）耕地高效利用模式

① 生物多样性驱动型

—— 间作套种：玉米+大豆（固氮作用）、小麦+棉花（错峰生长）；

—— 轮作倒茬：华北平原“小麦—玉米—大豆”三年轮作制；

—— 典型案例：云南元阳哈尼梯田“稻—鱼—鸭”共生系统，实现亩产值提升40%。

② 技术创新集约型

—— 设施农业：寿光智能温室实现周年生产，复种指数达300%；

—— 旱作技术：甘肃全膜双垄沟播技术使玉米单产提高30%；

—— 精准灌溉：宁夏滴灌水肥一体化技术节水40%、节肥25%。

③ 生态修复型

—— 退耕还林：陕西安康发展杜仲+黄精立体种植，亩收益超万元；

—— 休耕轮作：东北黑土地“三三制”轮休模式（3年耕作+3年休耕）。

（2）农林牧复合生态系统

① 立体结构模型

—— 垂直分层：乔木（核桃）—灌木（金银花）—草本（紫花苜蓿）—食用菌；

—— 时空配置：胶园养鸡（幼林期）—林下种药（成林期）—生态旅游（成熟期）。

② 能量流动优化

—— 桑基鱼塘：珠三角“塘基种桑—桑叶养蚕—蚕沙喂鱼—塘泥肥桑”闭合循环；

—— 林牧耦合：内蒙古科尔沁“柠条林—肉羊”系统，载畜量提升50%。

（3）规模化养殖创新路径

① 三产融合模式

—— 种养循环：温氏“猪—沼—果”模式，粪污资源化率达95%；

—— 智慧牧场：蒙牛智慧牧场应用物联网技术，单产提高15%。

② 环境承载力评估

—— 土地匹配系数：每千头猪需配套150亩消纳用地；

—— 种养平衡公式：N=Q×η/（C×A）（Q：畜禽粪便量，η：养分利用率，C：单位面积承载量，A：配套土地面积）。

（4）水体多维利用

① 生态位分层利用

—— 立体养殖：上层滤食性（鲢鳙）、中层草食性（草鱼）、底层腐食性（鲤鲫）；

—— 贝藻平衡：福建三都澳“海带—鲍鱼—海参”系统，氮磷利用率提升60%。

② 陆海联动开发

—— 盐碱地渔农：天津“台田—鱼塘”模式，盐碱地利用率达85%；

—— 红树林经济：广西“红树林—青蟹—弹涂鱼”复合系统，亩产值超2万元。

（5）新型经营模式探索

① 碳汇农业发展

—— 林草碳汇：内蒙古草原碳汇项目，每亩固碳0.5—1吨/年；

—— 稻田甲烷减排：采用间歇灌溉技术可减排30—50%。

② 数字农业应用

—— 精准耕作：大田物联网监测系统降低农资投入15%；

—— 区块链溯源：普洱茶园“一树一码”系统使得产品溢价30%。

（6）实施保障体系

① 政策支持

—— 土地流转：推广重庆“地票”交易制度；

—— 生态补偿：完善跨区域生态补偿机制。

② 技术支撑

—— 生物技术：耐盐碱作物品种培育；

—— 工程技术：丘陵山区小型农机具研发。

③ 人才培养

—— 新型职业农民培训体系；

—— 农业经理人认证制度。

④ 未来发展方向应聚焦

—— 构建“天空地”一体化监测网络；

—— 发展农业全产业链碳足迹管理；

—— 推广气候智慧型农业技术；

—— 建立生态产品价值实现机制。

通过系统整合土地、生物、技术要素，形成“资源—产品—废弃物—再生资源”的闭环流动，实现经济、生态、社会效益的帕累托最优。

2.3.2 农业高效节水循环农业模式

我们必须正视并紧迫应对我国水资源供需失衡的严峻挑战，特别是在农业领域，水资源紧张与利用率低下的双重困境已成为制约农业可持续发展的重大瓶颈。数据显示，我国2015年的农业灌溉水资源利用系数仅为0.52，这一数字与发达国家普遍达到的0.7至0.8的水平相比，差距显著，意味着我们在水资源管理和利用上仍有巨大的提升空间。

在此背景下，推行高效节水循环农业模式，不仅是一场技术革命，更是保障国家粮食安全、促进农业绿色转型的战略选择。以下几种节水效率卓越的农业模式，正是我们迈向节水高效农业未来的关键路径。

（1）抗旱型农业

在干旱半干旱地区，通过精准选择抗旱作物和合理搭配低耗水作物，结合先进的保水增墒技术，我们能够有效减少水资源消耗，实现节水与增产的双赢。这不仅是对自然条件的智慧适应，更是对水资源高效利用的深度实践。

（2）立体型种植

利用作物生长特性和水资源时空分布的差异性，构建多层次、多品种的立体种植系统，形成从大气水到地下水的高效循环利用链条。这种模式不仅极大地提高了水资源的利用效率，还促进了农业生态系统的稳定性和生物多样性，是实现节水增产、提质增效的创新之举。

（3）设施农业节水技术

依托现代农业科技的力量，如采用新型环保材料建造温室和大棚，不仅能够有效控制环境条件，优化资源配置，还能大幅度减少水资源蒸发损失，实现节水、节地、节能的“三节”目标。这种规模化、集约化、产业化的种植模式，为农业生产带来了革命性的变革，极大地提升了农产品的品质和市场竞争力。

（4）免耕农业

推广免耕或少耕技术，减少土壤翻动带来的水分蒸发，保持土壤结构稳定，提高土壤自然保水能力。这一模式不仅节水效果显著，还能有效减少化肥农药的使用，促进土壤健康和生态平衡，是实现农业可持续发展的绿色途径。

高效节水循环农业模式不仅是对当前水资源紧张局势的积极回应，而且是推动农业现代化、保障国家水资源安全的长远之策。我们必须坚定不移地推进这些模式的广泛应用，用科技的力量解锁水资源高效利用的密码，为我国农业的绿色发展注入强劲动力。

2.3.3 资源再利用型循环农业模式

（1）沼气综合利用系统

沼气工程通过厌氧发酵技术实现有机质高效转化。以沼气池为核心的生产系统可将农作物秸秆、畜禽粪污等有机废弃物转化为三类重要资源。

—— 沼气能源：除提供清洁燃料外，还可应用于农产品储存保鲜领域，如在蚕桑养殖中优化蚕种孵化环境。

—— 沼液营养剂：兼具营养供给与生物防治功能，通过滴灌系统应用于果蔬种植可提升作物品质，经科学配比后可作为禽类养殖的天然生长促进剂。

—— 沼渣基质：作为优质有机肥可改善土壤结构，同时具备蚯蚓养殖基质和食用菌栽培基料的双重功能。

当前主流应用模式形成“沼气池—养殖区—卫生系统—生产单元”四位一体架构，涵盖温室大棚、果园、鱼塘等多种农业生产场景。该体系通过集中处理畜禽粪污实现能源转化，沼气产出可满足70%以上的农场能源需求，形成典型的家庭农场循环经济模式。

（2）秸秆与粪污资源化工程

通过现代生物技术实现农业副产品增值转化。

—— 秸秆改性处理：采用青贮、氨化或微生物发酵技术，破解木质纤维素结构，提升饲料转化率至65%以上。

—— 粪污无害化处理：集成干燥分离、高温发酵、化学钝化等工艺，有效灭活病原体，同时保留90%以上的蛋白质活性。

—— 高值化利用路径：秸秆材料可加工为生物质建材（透水砖、复合板材）、工业原料（纤维素、糠醛）及环保制品（可降解餐具）；粪污经处理可制成生物有机肥，使土壤保水保肥性能提升40%。

（3）农业腐屑深度开发体系

构建腐屑资源三级利用网络。

① 初级利用

—— 从油料加工副产品中提取高价值成分（VE、卵磷脂）；

—— 从水产加工余料中提取生物活性物质（甲壳素、虾青素）。

② 中级加工

—— 果核类废料制备环保材料（活性炭）；

—— 蔬菜加工残渣生产有机肥（发酵转化率为85%）。

③ 高级开发

—— 建立原位处理系统，对易腐废弃物实施快速堆肥；

—— 开发模块化处理装置，实现液体废弃物的车间级资源回收。

该体系可使农业废弃物综合利用率提升至92%，补充传统饲料供给缺口达35%，形成闭合型物质能量循环网络。

2.3.4 资源开发型循环农业模式

在应对全球能源与资源危机背景下，基于生物技术的资源开发型循环农业模式已成为重要解决方案。该模式通过多维度生物资源开发实现可持续发展，具体包括以下三大领域。

（1）植物资源开发体系

现代生物技术应用：采用细胞培养与基因工程技术改良作物品质，显著缩短育种周期。通过无菌环境下的组织培养技术，已实现珍稀植物快速繁殖与复壮。当前主要应用于高价值经济作物（如特色果蔬、药用植物）及观赏花卉的产业化生产。

野生种质资源开发：依托我国丰富的野生植物基因库（含超过3万种高等植物），成功驯化培育出茶花、牡丹等经济作物。持续发掘野生资源，为农业品种改良提供优质遗传材料，推动区域特色农业发展。

藻类产业化开发：自联合国粮食及农业组织（FAO）认定螺旋藻为优质蛋白源（1974年）以来，藻类开发进入快车道。螺旋藻含60%—70%易吸收蛋白质及丰富的微量元素，现已成为重要的替代蛋白源。生物工程技术突破使微藻培养效率提升3—5倍，单位面积产能达传统作物的10倍。

（2）动物资源开发系统

① 畜禽改良工程现代生物技术实现

—— 良种选育周期缩短40%；

—— 饲料转化率提升25%；

—— 疫病发生率降低60%。

工业化养殖模式使生猪出栏周期由200天缩减至150天，料肉比从3.5：1优化为2.8：1。

② 特种动物驯养

成功建立梅花鹿、黑熊等50余种特种动物人工繁育体系，其中：

—— 鹿茸年产量突破200吨；

—— 熊胆粉产能提升300%。

特种养殖使野生种群盗猎压力降低70%。

③ 昆虫蛋白开发

全球已鉴定可食用昆虫2100余种，其营养特性：

—— 蛋白质含量40%—75%；

—— 不饱和脂肪酸占比60%—80%；

—— 富含抗菌肽等功能因子。

昆虫养殖具备碳足迹仅为传统畜牧的1/10的优势，单位面积蛋白产量达大豆的150倍。

（3）微生物与海洋资源开发

① 微生物工程应用单细胞蛋白生产技术

—— 蔗渣转化率13：1（1kg菌体产13kg蛋白）；

—— 发酵周期缩短至12—24小时；

—— 产品粗蛋白含量40%—80%。

微生物改良技术使早籼稻适口性提升30%，库存周转率提高2倍。

② 海洋生物资源开发潜力

—— 年初级生产力1350亿吨；

—— 现存20万种生物（含18万种动物）；

—— 提供全球20%的动物蛋白。

③ 现代技术突破

—— 基因编辑使鲍鱼养殖周期缩短30%；

—— 性别控制技术使全雌对虾存活率达95%；

—— 低温酶制剂产业规模年均增长15%。

通过构建“陆海统筹、三物联动”的开发体系，资源开发型循环农业模式已实现：

—— 食物多样性提升40%；
—— 资源利用率提高3—5倍；
—— 碳排放强度降低50%。

该模式正推动农业向“高效、生态、可持续”方向转型升级。

3. 家庭农场发展循环农业的对策与途径

（1）加强家庭农场经营者的生态价值观建设

长期以来，家庭农场经营者的思想观念深受小农意识影响，仅仅依靠土地和自身资源禀赋进行农业生产，农业技术和信息获取技能普遍偏低，主动接纳与实施农业政策的意识不足，农业技术创新乏力，推进绿色、可持续、循环农业发展的意识比较薄弱。农业生产主体认识不到位会制约家庭农场发展循环农业。因此，在发展循环农业过程中，家庭农场经营者应该在市场引导下，积极参与农业管理决策、技术创新推广、生产运作，提升其在促进循环农业发展中的责任感，改变家庭农场经营者的发展观和价值观。

制度建设是推广循环农业生态价值观的重要途径。第一，需要建立一整套措施与制度，包括围绕家庭农场经营者的生态价值观建设措施和各种奖惩制度。通过实施激励约束机制，鼓励符合生态价值观的行为，对违背生态价值观的行为进行纠正。当然，在制度设计中还要充分考虑政府、乡村、农户家庭、农业企业等各方面的作用，建立资源整合机制，调动社会各方面力量形成合力。第二，应建立确保家庭农场经营者的生态价值观的运行保障机制，完善各种发展规划和政策，加强对生态文明的舆论宣传，充分发挥文化的指导性作用，在农村人才培养过程中加强对生态价值观的教育。

（2）以市场为导向，提升家庭农场循环农业经济效益

家庭农场发展循环农业需要以获得经济效益做支撑，紧跟市场导向进行农业生产，以企业化方式进行生产管理，并配套完善的农业生产社会化服务体系。

一方面，可以在市场引导下开展“场企联盟”，即家庭农场与农业企业以市场需求为目标，优势互补，开展现代农业合作经营生产。双方签订合作协议，在资金、技术、服务、风险等各方面明确权利与义务，形成利益共同体。家庭农场为企业提供农业生产基地，实现生态化、标准化循环农业生产；企业为家庭农场提供市场信息、订单，提出对农产品的品质要求，并从

技术上给予支持，为生产风险提供保障。

另一方面，应在政府引导下，成立家庭农场协会或者农业专业合作社。家庭农场协会或者农业专业合作社为当地家庭农场提供政策信息咨询、农业生态技术指导、资金融通信用等相关服务，定期举办各层次、各类型的培训班对家庭农场进行帮扶，使不同的家庭农场在联合生产中实现资源整合、优势互补。同时，还应与当地金融机构协调对接，促使金融机构推出更多促进家庭农场发展循环农业的金融产品。

（3）采用新技术，推动家庭农场循环农业生产方式

随着现代农业技术突飞猛进的发展，循环农业的生产已具备了广泛的技术可行性，能够有效促进农业废弃物的高效回收与利用，有利于进一步提高农业生产要素资源利用率、降低农业生产成本、减少农产品有害残留物、提高农产品附加值。因此，一方面，家庭农场应顺应农业现代科技尤其是循环农业新技术的发展浪潮，主动接受可靠、成熟的循环农业生产技术、工艺和方法，提高农业废弃物利用率，降成本、增效益，促进农场农业增收；另一方面，要主动构建开放型的合作经营生产模式，和农业企业广泛合作，积极采用农业废弃物商业化处理利用模式。农业企业提供幼崽、饲料、技术、资金等，家庭农场代种、代养，将农业标准化种养殖“车间”建在家庭农场，可以在保持高效率生产的前提下，实现规模化、高效益农业生产，提高循环农业生产率，以有效缓解农业发展和生态保护之间的矛盾，促进家庭农场增收。

（4）农商结合，培育循环农业有机农产品品牌

应拓宽家庭农场农产品的市场流通渠道，培育和打造循环农业特色农产品品牌，在生产、加工、包装、流通等各环节围绕绿色、无公害、健康、营养等特色“做文章”，形成循环农业绿色农产品高附加值产业链，在加大投入、提升效益的基础上拓展优势特色农产品的市场占有率，逐步打开销路，扩大品牌影响力。在互联网经济时代，尤其要借助网络购销平台打开销路，扩大品牌知名度和影响力，通过网络B2C、C2C等营销模式打造出循环农业绿色农产品的产、供、销、服一条龙经营模式，围绕O2O商业模式打造特色农产品的驻村实体店与网络商铺相结合的现代农产品流通营销模式，提高产品的市场竞争力和利润空间，增强农业生产应对市场变化的抗风险能力。

第6章

家庭农场管理

第1节　生产管理

家庭农场的生产管理是确保高质量农产品生产和持续供应的核心。首先，家庭农场需要科学规划土地利用，根据土壤条件和气候特点选择合适的作物种植，实行科学的轮作和间作，以保持土壤的肥力和健康。其次，家庭农场要采用现代化的农业技术，包括智能灌溉系统、温室种植技术、无人机监测等，提高生产效率和农产品质量。同时，及时采取病虫害防治措施，确保作物健康生长。再次，家庭农场还要关注农产品的收获、储存和加工环节，采取科学的收获技术和储存管理，确保农产品的新鲜度和品质。最后，家庭农场需要建立完善的质量管理体系，包括产品质量检测和认证，确保农产品符合市场标准和消费者需求。通过科学的生产管理，家庭农场能够提高产量和质量，保障供应稳定，满足市场需求，实现可持续发展。

农场生产管理包括农场管理设施与管理制度等，主要是从经营管理场所、办公设备、生产标准、财务管理制度这几个方面对家庭农场的生产管理提出了具体要求。

家庭农场从业人员要有明确的分工，结合自身实际，设置生产主管、销售主管等岗位，明确工作职责，有条件的可以设置各部门经理。

家庭农场实行农场主负责制。农场主统揽全场工作，主要是拟定发展目标和计划，制定管理制度，加强从业人员管理，有序组织生产经营活动，加强财务审核审批，协调解决农场重大事宜，争取各项扶持政策，开展工作考核和总结评比。

生产主管岗位职责：拟订并落实家庭农场年度生产计划，制定并实施生产技术规程；组织所需的生产资料，提供技术指导、服务和培训，抓好病（疫）虫害防治；组织标准化生产并负责完善相关记录，建立质量追溯机制；加强农业机械设施设备检修维护和仓储运输工作。

销售主管岗位职责：拟定并落实年度销售计划，预测销售市场，广辟销售渠道，寻求定向合作，探索订单销售和网络销售方式；负责签订销售合同，规范销售凭据，回收销售款项；坚守公平竞争和诚实守信的商业道德，保证产品销售质量和数量，维护家庭农场整体形象；努力降低销售成本，最大限度地实现家庭农场利益；建立销售台账，及时报告销售业绩。

第2节　经营管理：家庭农场高效运转与可持续发展的核心驱动力

在探讨家庭农场的成功之道时，经营管理无疑扮演着举足轻重的角色。它不仅关乎农场当下的运营状况，更是农场能否实现长远发展和持续繁荣的关键所在。

首先，我们必须认识到，全面的规划是家庭农场经营管理的基石。这涵盖了从生产计划到市场营销策略，再到人力资源管理的方方面面。一个清晰、明确的目标和计划，如同灯塔一般，指引着农场在复杂多变的市场环境中稳步前行。它不仅帮助农场主把握发展方向，更为实现农场长期的稳健增长提供了坚实的指引和支撑。

其次，生产过程的管理同样不容忽视。在家庭农场中，农业技术的应用、土地利用的优化以及农作物的选择和轮作，都是提高生产效率、降低成本、增加产量和提升品质的重要手段。通过科学的管理方法，我们可以最大限度地利用农场资源，确保每一分投入都能带来最大的回报。

然而，仅仅关注生产是不够的。在市场竞争日益激烈的今天，家庭农场还需要紧密关注市场需求和趋势，灵活调整产品结构，以满足消费者的多样化需求。这要求我们不仅要有敏锐的市场洞察力，更要有敢于创新和变革的勇气。

在人力资源管理方面，家庭农场同样面临着不小的挑战。如何培训和激励员工，营造良好的团队合作氛围，提高他们的工作积极性和生产效率，是每一个农场主都必须认真思考的问题。毕竟，人才是推动农场发展的核心力量。

最后，同样重要的是，家庭农场必须高度重视风险管理。自然灾害、市场波动以及政策变化等不确定性因素，都可能给农场带来严重的冲击。因此，建立健全的风险管理机制，及时应对各种挑战，确保农场的稳定运营和可持续发展，是每一个农场主都不可或缺的能力。

在当今农业领域，创新与可持续性已成为引领潮流的关键要素。以下三大策略，不仅为家庭农场注入了新的活力，更为农业的未来发展奠定了坚实的基础。

1. 多元种植模式：生态与效益的双赢

家庭农场若要以稳健的步伐迈向未来，多元种植模式无疑是明智之选。这一模式摒弃了单一作物种植的局限性，转而采用蔬菜、水果、谷物等多样化的农作物种植结构，并在此基础上巧妙融入养殖业。精心规划的轮作制度不仅有效避免了土壤退化，还显著提升了农田的生态平衡能力。同时，养殖业的加入实现了资源的循环利用，如将动物粪便转化为有机肥料，进一步滋养了土地，形成了闭环的生态农业链。如此，家庭农场不仅维护了生态环境，更在经济效益上实现了最大化，确保了农业生产的持续繁荣。

2. 农产品销售渠道多样化：拓宽市场，精准触达

面对日益多元化的消费需求，家庭农场必须打破传统销售模式的束缚，积极探索多样化的销售渠道。从熙熙攘攘的农贸市场，到便捷高效的农产品电商平台，再到贴近社区的团购模式，每一种渠道都是连接产品与消费者的桥梁。尤其是电商平台的兴起，为家庭农场打开了通往全国乃至全球市场的大门，使得优质农产品能够跨越地域限制，直接送达消费者手中。这种直接销售的方式不仅缩短了供应链，提高了销售效率，更通过精准营销满足了不同消费群体的个性化需求，极大地增强了市场竞争力。

3. 生态农业与可持续发展：守护绿色家园，共创美好未来

在追求经济效益的同时，家庭农场更不忘肩负的社会责任——推动生态农业与可持续发展。通过科学规划农田布局，合理利用自然资源，采用有机耕作技术和绿色生产方式，家庭农场有效减少了化学肥料和农药的使用，保护了农田水源，改善了土壤质量，从而提升了农作物的品质和产量。这一系列举措不仅可保障农产品的安全，更可为子孙后代留下肥沃的土地和清新的空气。家庭农场以实际行动践行可持续发展理念，为实现农业的长期繁荣和

人与自然的和谐共生贡献了自己的力量。

综上所述，多元种植模式、农产品销售渠道多样化以及生态农业与可持续发展策略，共同构成了家庭农场迈向现代化、生态化、高效化的坚实基石。这些创新实践不仅提升了农业生产的综合效益，更为农业的可持续发展探索出了一条光明大道。

第3节　家庭农场财务管理指南

1. 总则

家庭农场财务管理应以《企业财务通则》《企业会计准则》为基础，结合农业经营特点设计。核心内容包括资金筹集、资产运用、成本控制、利润分配及可持续发展，需注重市场动态分析、销售渠道优化及财务风险监控，确保经营稳健。

2. 核算体制建设

2.1 两级核算体系

—— 农场财务部门职责：

统筹税费核算、合同签订、经济活动分析；

组织抽样调查，监控整体财务健康状况。

—— 分场/连队职责：

执行家庭农场往来结算、利税费催缴；

指导日常核算，汇总并上报财务数据。

2.2 信息化支持

—— 引入财务软件，实现财务电子化，提升数据透明度和协作效率。

3. 财务计划管理

3.1 年度计划编制

—— 四大核心计划

生产计划：种植/养殖规模、投入产出比；

贷款计划：资金缺口测算及融资方案；

物资计划：种子、饲料、设备采购预算；

销售计划：目标市场、定价策略、渠道规划。

3.2 合同化管理

—— 年初与职能部门签订供销合同，锁定物资供应与产品销售条款，降低市场波动风险。

4. 固定资产管理

4.1 分类标准

—— 固定资产：单价≥200元且使用年限≥1年；生产性设施（如虾池、鱼池）无论价值高低均列为固定资产。

—— 低值易耗品：工具类可一次性计入成本。

4.2 折旧与摊销

—— 小价值资产（≤200元）：3年内摊销。

—— 大价值资产（>200元）：3—5年分期折旧。

4.3 维护制度

—— 定期盘点资产，建立维修保养台账，延长使用寿命。

5. 流动资产管理

5.1 资金筹集原则

—— 以自筹为主，贷款为辅；农场不垫付资金，特殊情况可申请“双控”支持。

5.2“双控”机制

—— 资金控垫：农场临时垫资需计息，按约定回收。

—— 产品控制：滞销时由农场协助销售，优先抵扣垫付款。

5.3 库存管理

—— 采用先进先出法（FIFO）管理农产品和物资，减少损耗。

6. 收益与利润管理

6.1 税费管理

—— 年初核定应缴金额，分季预缴；税金由农场代扣代缴。

—— 管理费、劳保费等总额不超过上年实际水平。

6.2 利润分配

—— 分配顺序

扣除基本消费基金（档案工资＋奖金）；

提取储备基金（建议≥净收入的10%）和保险基金（应对自然灾害）；

剩余利润可再投资或分红。

7. 财务监控与优化

7.1 预算执行跟踪

—— 每月对比实际支出与预算，分析偏差原因并调整策略。

7.2 成本控制措施

—— 降低销售成本：联合周边农场集中运输、发展电商直销。

—— 增收途径：品牌建设（如绿色认证）、与企业合作发展订单农业。

7.3 风险预警机制

—— 设定资产负债率、流动比率等警戒线，定期评估偿债能力。

8. 附：工具与资源

—— 推荐工具：简易财务软件（如“农管家”）、Excel预算模板。

—— 政策支持：关注农业贴息贷款、农机购置补贴等政策。

通过系统化财务管理，家庭农场可提升资金使用效率，增强抗风险能力，实现长期盈利与可持续发展。

第4节　家庭农场的管理与运营策略：应对现代农业挑战的关键路径

家庭农场作为一种创新的农业生产经营组织形式，其核心价值在于能够通过合理的规模经营，有效解决农业生产过程中面临的合作效率低下、监督机制缺失、激励机制不足以及农产品标准化程度不高、质量安全追溯体系不完善等问题。具体而言，家庭农场通过集中土地资源、整合生产要素，实现了农业生产的专业化、集约化和标准化，极大地提升了农业生产效率和农产品质量。

在管理层面，家庭农场强调精细化管理，注重运用现代科技手段提升农业生产智能化水平，同时加强内部管理制度建设，确保农场运营的高效与规范。运营策略上，家庭农场积极探索品牌化建设，通过提升产品附加值，增强市场竞争力；同时，注重与上下游产业链的紧密合作，形成稳定的供应链体系，降低生产成本，提高盈利能力。

更为重要的是，家庭农场作为一种灵活高效的农业组织形式，能够有效吸引和留住年轻劳动力，缓解农民老龄化带来的劳动力短缺问题。通过提供职业培训和技术指导，家庭农场不仅能够提升农民的职业技能和收入水平，还能激发其创新创业活力，为农业可持续发展注入新的动力。

1. 家庭农场经营的现实条件

1.1 农村人口结构变化

—— 2020年乡村人口5.1亿，较1995年峰值减少约3.5亿；

—— 农村劳动力持续外流导致“空心化”与老龄化并存；

——传统小农经营模式面临“谁来种地”的严峻挑战。

1.2 土地集约化需求

—— 土地细碎化问题突出（平均承包地0.5公顷/户）；

—— 通过土地流转实现规模化经营（家庭农场平均规模达12公顷）；

—— 符合“三权分置”改革方向，提升土地利用效率。

1.3 政策体系支撑

—— 金融支持：2013年农行首推专项贷款政策；

—— 制度保障：2014年农业部出台专项指导意见；

—— 数据印证：2022年全国家庭农场突破390万个（较2020年增长290%）。

1.4 区域发展成效

——河南省示范效应显著：2020年家庭农场经营面积17.3万公顷；2025年家庭农场数量增至26万家（两年增长20倍）。

1.5 现代农业转型路径

—— 破解“低小散”生产格局；

—— 推动农业经营主体专业化；

—— 实现生产要素集约化配置；

—— 构建新型农业经营体系。

1.6 乡村振兴战略契合

—— 家庭农场经营模式：

融合传统农户的组织优势；

具备现代企业要素特征；

单位产出效益提升30%—50%。

—— 成为衔接小农户与现代农业的关键载体。

2. 适度规模农场的典型——上海松江区李春风家庭农场

2.1 农场概况

李春风家庭农场坐落于上海市松江区泖港镇腰泾村，创建于2007年松江区推行适度规模农业（6.67—10公顷）政策之际。作为首批试点单位，农场首期承包7.8公顷土地，经多年发展，现规模已达28.67公顷，形成集绿色稻米生产、生态养殖、农机服务于一体的现代农业体系。目前配备4台拖拉机、收割机等现代农机具，年综合净收益超57万元。

2.2 发展阶段

（1）初创奠基（2007—2012年）

—— 2007年：父亲创立家庭农场，开启松江适度规模农业的先河；

—— 2011年：创新“种粮＋养猪”生态循环模式。

（2）转型升级（2012—2015年）

—— 2012年：李春风接任，成为区域最年轻的农场主；

—— 2013年：组建农机互助组，服务面积超百公顷；

—— 2015年：成立万群粮食专业合作社，延伸产业链。

（3）品牌发展（2016年至今）

—— 2016年：注册自主大米商标；

—— 2019年：获绿色食品A级认证；

—— 当前产能：年产优质大米24吨，年出栏生猪1500头。

2.3 创新实践

（1）生态循环系统

—— 每批次500头规模的现代化猪场，配置环境控制系统；

—— 粪污资源化利用，使化肥施用量减量30%；

—— 种养结合，提升土壤质量与产出效益。

（2）全链运营模式

—— 生产端：应用精量穴直播等精准农业技术；

—— 加工端：实现稻谷向品牌大米的转化；

—— 销售端：成为“松江大米”官方销售点。

（3）适度经营策略

—— 规模控制在家庭劳动力可承载范围；

—— 通过农机共享提升资源利用率；

—— 品牌溢价使大米附加值提升40%。

2.4 经验启示

该农场成功验证了适度规模农业的中国路径：以家庭经营为基础，通过技术创新将土地产出率提高至传统模式的3倍；以生态循环破解面源污染难题，实现经济效益与环境效益双赢；以品牌建设突破同质竞争，构建“生产—加工—销售”完整价值链，为都市现代农业发展提供可复制样本。

3. 家庭农场经营的“四化”发展要诀

3.1 规模把控合理化

我国农业国情特殊，不能照搬欧美大规模农场模式。家庭农场规模要像穿鞋一样合脚——根据自身条件量力而行。国家政策明确规定家庭农场基础标准：粮食种植区南方50亩/北方100亩起步。实际操作中关键把握三点：土地权属稳定、租金可负担、管理跟得上。现实中很多农场亏损都因盲目扩张，切记“稳”字当头，让规模与家庭劳动力、管理能力、产业特性相匹配。

3.2 生产管理精打细算

把农场当精密仪器来运营：①财务上要当“铁算盘”，农资采购货比三家，农机使用精确到小时，用工安排分时错峰；②田管要学“绣花功夫”，通过套种轮作（如玉米大豆间作）、立体种养（稻虾共生）把土地利用率提到120%，用智能滴灌、测土施肥让亩产增长看得见；③人员管理要“人岗相适”，制定标准化操作流程，让全家老少各展所长，像工厂流水线般高效运转。

3.3 业务方向专业化

专注才能造就竞争力：选准1—2个核心产业深度开发，比如专攻富硒大米或有机草莓种植。专业≠单一，要形成“拳头产品＋延伸产品”组合(如种葡萄的同时开发采摘游、酿葡萄酒)。重点打造三个核心：独特种植技术、稳定销售渠道、特色品牌形象。像培养匠人般打磨产品，逐步实现“人无我有，人有我优”的市场优势。

3.4 产业融合多元化

紧跟国家乡村振兴战略，把农场变成“多功能平台”：①纵向延伸产业链，自建加工车间把鲜果制成果干、果酱；②横向拓展功能链，开发农事体验、田园研学等项目；③融合新兴业态，通过直播带货、会员定制实现“线下种地，线上卖货”。典型案例：草莓农场可同时经营采摘乐园、草莓主题民宿、草莓甜品工坊，实现“一块地，四份收入”。

4. 小结

“小而精”的家庭农场是发展方向之一。“小”指规模适度，客观上受限于农地资源和农地制度（粮食种植应走服务规模化的道路）；“精”指专业、精细、融合，客观上受限于农业盈利少的特征。要提高收益率就必须延长产业链，挖掘多功能，融入新创意，以“小而精”模式经营家庭农场，向投入、管理、创意要效益，在“求稳”的前提下，在做精做细的基础上，围绕核心产品推动产业升级。

第7章

家庭农场案例

第1节　国外家庭农场的发展经验

虽然我国的家庭农场发展道路还在摸索之中，但它在国外已经有了几百年的发展历程。美国的家庭农场已有200多年的历史了，法国早在19世纪就形成了专业化的家庭农场，日本在20世纪之初就已经有了为数不少的规模较大的家庭农场。家庭农场根据各国的自然资源禀赋差异，表现出不同的特点。

1. 美国

1.1 政策

作为世界上最大的农产品出口国，家庭农场是美国农业主要的生产经营形式。据统计，美国目前家庭农场数量达220余万个，一般规模都较大，机械化程度较高，科技手段先进。美国现有家庭农场的“高效率可持续农业”模式，在其发展过程中普遍应用生态技术等最新农业科技成果，同时政府和金融机构在农业金融、社会服务、技术推广等方面给予了家庭农场发展可持续农业的支持。

1.1.1 农业金融支持

美国的商业和政府信贷机构共同构成了全国农业金融体系。其中，在政府金融体系中，包括联邦财政支持预算和专项资金，每年由国会批准，美国农业部（U.S.Department of Agriculture）具体负责实施，提供针对农业领域的专项贴息贷款和农产品生产补贴。在政府金融体系外的商业金融体系中，包括美国联邦土地银行、合作信用社等主要金融机构，它们提供了很多针对农业、农民的金融产品，同时还针对低收入农民家庭提供低息贷款等优惠金融服务。农业金融理念的传播和金融管理能力的提升等有效促进了美国农业的发展，增加了农场经营的收益。

美国的农业保险支持系统也是政府农业金融支持政策之一。开展农业保险业务的主体主要包括三种类型，即联邦农作物保险公司、私人保险公司和农作物保险代理人。提供的主要农业险种包括农业重大灾害保险、集体经营保险、高保障险种和非保险农作物保障计划等。美国各类农业实体都可以通过保险、金融行业的评估购买农业生产保障险种，门槛不高，也体现了政府对农业的扶持政策。而且政府还对参保家庭农场所种植的农作物追加额外补贴，如果农作物产量下降25%，还会由美国联邦农作物保险公司提供最高保额保障。政府采取的系列保险金融措施极大地提升了美国农业生产风险的应对能力，在减少灾害损失、提高农业投入、增加农场主收入、提升美国农产品竞争力等多方面带来极大的促进作用。

1.1.2 农业普遍服务支持政策

除了提供金融扶持政策之外，美国政府对于农业生产还提供了很多服务型政策支持，包括基础设施建设、农业科技服务、农业信息服务等。在农业基础设施建设方面，美国政府重在支持大型灌溉设施等农业基础设施的建造与维护，财政拨款予以重点倾斜。在此基础上，美国政府还联合社会力量引进社会资本投入到农业基础设施建设中，政府、社会资本、农场主等各承担相应比例的投资，且已形成了较成熟和完善的协作建设机制，比如数量庞大的小型农业基础灌溉设施建设等。

在农业科技和信息服务方面，美国政府强化其主导地位，特别是在农业信息传播服务方面积极发挥政府优势，组建全国农业信息互联网平台，融通各类农业生产发展信息，为广大农场主提供农业生产发展信息服务。同时，政府还大力推动农产品质量标准建设，制定并完善系列化的农产品等级、生产质量标准，从而提高美国农产品在国际市场的竞争力和影响力。

1.1.3 农业新技术的研发与应用

美国十分重视农业科技的研发、推广、利用，构建了以政府为主导，以各联邦、州农学院为科技支撑，各农业实验点和推广站组成的集科研、推广、培训等于一体的多任务农业科技支撑服务体系，农业生产新技术、新工艺不断涌现，而且短时间内可以应用到家庭农场生产中并转变为农业生产力。所以，美国农业科技研发与推广利用始终走在世界前列，原因就在于美国国内科研鼓励机制到位，且在农业科技基础性研究、农技人才培养和农业技术推广三个方面齐头并进，构建了完备的农业科技研发、人才培养、技术推广的科技保障支撑体系。此外，美国政府还特别重视农业科技的实际效果调查论证，强调数据的丰富性和可靠性，为农场主提供农业科技信息服务。

1.2 美国家庭农场的发展历程

1.2.1 创业阶段（1862—1935年）

19世纪中叶，南北战争结束，移民垦殖使美国的农地面积迅速扩张，也为美国生产了大量的粮、棉和畜产品。美国汇集了当时各地的先进农业技术，推广使用农业机器和化肥、农药，为美国带来了现代化农业的发展。

1.2.2 发展阶段（1935—1978年）

罗斯福总统推行新政，鼓励家庭农场实行规模经营，更好地利用现代化生产工具和设备；推行社会化服务措施；发展农产品加工和运销事业。美国农业生产量大幅增加，成为世界粮、棉出口的头号大国。

美国典型的家庭农场拥有自己的土地，足够、舒适的住宅，设备，青贮饲料塔，畜舍，大型农业机器等；家庭劳动力充足；完全自营，自主支配收入。

1.2.3 变革阶段（1979—2012年）

经历一系列的变革：

偏重经济效益，鼓励家庭农场以一定规模的投资，获取最大、最持久的效益；加强对家庭农场的社会化服务，并向管理服务方向发展；提倡因地制宜地向专业性饲养、高产值农业等专业领域发展。

家庭农场日益向企业化方向发展，已出现了年收益百万美元以上的“大户”农场。

1.3 美国家庭农场的特点

1.3.1 美国农业以家庭农场为基本生产单位

美国小型家庭农场约占各类农场总数的88%，大型家庭农场占9.8%，其他类型的农场占2.2%。

近年来，美国家庭农场的数量在不断减少，集中化程度越来越高。相关统计资料显示，占农场总数25%的大农场生产了全国农产品总量的85%，并且该比例还在逐渐攀升。

全国分为10个“农业生产区域”，每个区域主要生产一两种农产品。北部平原是小麦带；中部平原是玉米带；南部平原和西北部山区主要饲养牛、羊；大湖地区主要生产乳制品；太平洋沿岸地区盛产水果和蔬菜。美国就是在这种区域化布局的基础上，建立和发展了生产经营的专业化农场。

1.3.2 类型

目前，美国的家庭农场主要有3种：

完全拥有土地所有权的农场，占全部家庭农场总数的57.7%；土地部分自有、部分租用的农场，占家庭农场总数的31%；土地完全租用的农场，占农场总数的11.3%。

2. 法国

法国的家庭农场推行“可持续环保型农合社”模式，在此过程中，家庭农场和农合社携手合作促使该国生态农业得到了快速有效的发展。

2.1 政策

2.1.1 支持可持续农业发展

在法国面向农业的支持政策中，对家庭农场提供支持并促使其可持续发展是其支持重点，具体政策涉及农用土地环保支持、基建补贴及合作组织建设等。其中第一类政策是重点，具体包含针对生产时自愿少用杀虫剂、化肥，畜牧过程中主动减少牛羊存栏等生产方式提供补偿，对于任何采用有利于环保的耕作生产模式的农场主给予补偿，对于休耕环保区域同时提供休耕和环保补贴。该国还成立了用于农业基建和设施改善的共同基金，对于购置大型农机、改良土壤、建设农业水利项目提供一定的资金补贴。

2.1.2 支持农场主收入增长

法国对农场主提供直接补贴，也就是法国政府会根据耕地总面积、基本产量等多个衡量标准直接给予农场主补贴。这一制度的实施不会对农产品生产以及相关贸易造成负面影响，由于农产品补贴和农作物种植类型、面积等无关，使得过去很长时间内因为对生产者提供激励的非市场定价所导致的农产品存量过多、产能过剩的问题得到解决，能够保证农场主在开展生态农业过程中获得合理收入。这一政策主要覆盖种植、畜牧两大领域，其中前一领域的补贴主要基于满足条件的农场的休耕及种植面积发放；后一领域的补贴根据饲料种植面积和畜产品的产量发放。

在法国政府对农场主收入制定的支持政策中，还有针对农业生产结构以及购买相关农业生产要素的税收支持方面。其中，前者是基于耕种条件、区域差异的补贴，主要目的在于解决区域收入的失衡问题，更好地安置农民群体；后者主要有购置农机具的税收退还、农机设备所用燃料消费的免税政策等措施。

2.1.3 信贷支持

法国目前现代农业发展所需资金的主要来源是银行提供的优惠信贷服务，这一信贷服务为向农场主提供间接收入补贴创造了机会。法国目前面向农业构建的金融单位有互助信贷联合银行、农业信贷银行、大众银行、土地信贷银行等，上述机构均由政府主导运行，是典型国家控制的金融单位。这些机构主要面向农民提供周期不同的多种贷款，利率较低（多数介于6%—8%区间），仅为非农信贷的1/2；如果申请中长期贷款用于购入农机和土地，则其利率还更低（多数介于3%—4%区间）。政府将利差补贴给银行，补贴金额与信贷金额相关（正相关）。法国还对农产品的销售推出了保险服务，和农场主共同分担备耕、种植、销售及管理等过程中的各种风险。

2.2 法国家庭农场发展历程

1789年爆发法国大革命，此后由于人口的不断增长，土地日益分成细碎的小块，直至1955年法国的农用土地具有明显的“两小”特点：一是农户土地面积小，二是地块小。

二战后，法国设立专门的政府机构，以庞大的政府财政专项预算和信贷计划为后盾，出台一系列完整、协调和有效的政策体系，直接介入地产市场，组织劳动力转移和耕地流转与经营集中，有效地支持了中等规模农场的发展。

1955—1975年间，法国家庭农场平均规模由14公顷扩大到21.3公顷。法国成为资本主义国家中农业增长速度最快的国家，跃升为欧盟第一大农业生产国、世界第二大农业和食品出口国、世界食品加工产品第一大出口国。

2.3 法国家庭农场的特点

家庭农场发展迅速　各类家庭农场约66万个，平均耕地42公顷。75%以上的劳动力由经营者家庭自行承担，仅11%的农场需雇佣劳动力。

专业化程度高　法国农场专业化程度很高，大体可以细分为畜牧农场、谷物农场、葡萄农场、水果农场、蔬菜农场等，专业农场大部分经营一种产品，以突出各自产品的特点。

农会和合作社发展迅速　在法国，农会和合作社比政府农业部更为活跃有效，它们把单个的农业生产者紧密地联系起来，形成了一个巨大的网络。法国合作社为社员提供的服务，包括技术、采购、销售，扩展到产前、产中、产后，甚至包括农民生活的各个方面。

3. 日本

日本耕地面积较少，日本家庭农场的土地生产面积也较小。为此，日本政府制定了相应的法律法规，在保证家庭内成员作为劳动力的前提下，日本家庭农场拥有的土地面积应达到3公顷以上。日本的家庭农场生态农业技术先进，对土壤质量的提升具有重要作用，有利于保持土地肥力，同时日本还鼓励利用小型机械化设备来推动农业劳动率的提升，也特别重视农产品品牌建设。由于日本人口老龄化、农业人口匮乏等问题比较突出，农业生产的主力主要由家庭农场与各类农业经营实体组成。针对日本农业采用小规模经营所导致的分散经营问题，家庭农场逐渐加入日本农协组织。其主要原因在于，这一组织能够为家庭农场及其农业生产服务提供支持，同时为农业生产发展提供重要指导，对完善农业生产服务体系、加强乡村建设、扩大农业产出效益具有重要作用，对家庭农场农业生态技术培训和农业生产技术普及等方面同样发挥着重要作用。可以说，农协组织健全的服务体系帮助了家庭农场有效实施“环境保全型可持续农业”。

1946—1950年，日本政府采取强硬措施购买地主的土地，转卖给无地、少地的农户，自耕农在总农户中的比重占到了88%，耕地占到了90%，并且把农户土地规模限制在3公顷以内。

此后日本政府制定了一系列相关法律，1961年制定的《农业基本法》，鼓励农业生产的扩大和农业结构的调整，1962年对该法修订，规定农户土地规模可以超过3公顷，前提是只能使用本家庭的劳动力。

20世纪70年代开始，日本政府连续出台了几个有关农地改革与调整的法律法规，以土地租佃为中心，促进土地经营权的流动，促进农地集中连片经营和共同基础设施的建设。以农协为主，帮助核心农户和生产合作组织妥善经营农户出租或委托作业的耕地。这种以租赁为主要方式的规模经营战略获得了成功。

4. 德国

德国现代化的家庭农场全面实现了机械化、信息化、精准化和知识化，表现出数量减少、规模扩大的趋势。目前，德国已形成了用现代工业装备、用现代科技改造、用现代管理方式管理的现代化家庭农场，用现代科学文化知识提高农民素质，建立起优质高效的农业生产体系和可持续发展的农业生态系统。

德国家庭农场种类多样，包括粮食种植、生猪饲养、蛋鸡和肉鸡饲养、奶牛和肉牛饲养，以及蔬菜、水果、啤酒花、葡萄园、花卉、苗圃、渔业等不同类型。但不管是哪种家庭农场，都建立了正规的会计制度，配备了专门的电脑和其他信息工具，进行企业核算。

德国家庭农场主要通过发展农民专业合作社进行，秉承3个坚持：坚持“自愿、自主、自治、自助”方针，坚持“民办、民用、民有、民主”原则，坚持“统一供应农资、统一机耕、统一防治、统一品牌和统一销售”服务宗旨。

5. 借鉴与启示

美、法、日三国都特别重视农业可持续发展，在绿色、无公害、高效节能农业领域政府投入力度很大，通过国家、地方政府和家庭农场三个层面，共同促进绿色循环农业的发展。总体来看，主要有以下几方面的特点。

5.1 政策支持力度大

即使是经济发达国家，在逐步扩大农业生产规模的同时，也开始加大农业支持力度。主要原因在于农业对国民经济发展至关重要，是国家生存发展的重要组成部分。国家发展速度越快，相应地，农业发展速度也越快。国外农业发达国家针对农业生产发展中遇到的问题采取了多种措施，并制定了支持农业发展的政策，推动农业的可持续发展，逐步提升农产品的质量。这些农产品不仅满足国内市场需求，还向国外大量出口，占领农业落后地区尤其是粮食匮乏地区的市场。这种扩张式的农业生产是基于其特殊倾斜的农业政策和紧跟先进农业生产技术而获得成功的。

5.2 资金保障到位

国外农业发达国家在推进绿色农业、高科技农业的过程中给予了很多资金保障，不管是政府补贴还是商业机构的金融支持，都从法律、政策、资金等方面给予配套，以解决家庭农场在发展可持续农业、循环农业中的资金短缺问题，降低农业生产的风险。尤其是农业补贴，大部分发达国家采取直接补贴与粮食补贴相结合的方式，投入力度普遍较大，以帮助农场主扩大农业生产规模，加强农业基础设施建设，为公共服务支出提供相应的资金支持。在农业金融支持方面，这些国家的国有银行推出了多种农业领域贷款产品，允许更多形式的抵押贷款金融产品，降低贷款门槛且给予利率补贴，甚至对于现代农业和绿色高科技农业减免贷款利息，并引导非国有商业银行、私人银行放宽农业领域贷款限制；各类金融保险机构推广农业保险产品以帮助农场主规避农业生产风险。

5.3 大力推进绿色、循环农业的技术研发

发达国家借助自身科技研发的雄厚实力，委托科研院所、高等院校积极研发农业领域的新技术、新品种、新成果，利用科技实现农业的循环发展。同时，逐步建立完善的农业科技体系，实现向绿色、节能、高效循环农业的转变，在节水灌溉、良种培育、测土配方、化肥施用、农药替代、成熟周期、产量提升等方面不断开发出新技术，大力推进绿色、循环农业的发展，依靠科技强有力地支撑农业提质增效，取得了较好的经济和社会效益。

因此，上述国家之所以能够在农业和农产品竞争中持续保持世界前列，与这些国家的农业倾斜政策、大规模的资金投入、先进的农业技术研发和应用、良好的农业基础设施条件等密不可分。政策、资金、技术和长期发展基础决定了这些国家在推进农业可持续发展、加大循环农业建设力度上始终走在世界前列。虽然国情不同、制度不同，但它们所取得成功的经验值得我国吸收借鉴。

第2节　微型芳香植物家庭农场案例简介

微型芳香植物家庭农场是近年来兴起的一种新型农业模式，它采用了现代化的种植技术，通过在家庭农场中种植各种芳香植物，生产出高品质的芳香产品，如香精、香料、药材等。

1. 纸鸢香草庄园

纸鸢香草庄园建立于2014年，位于芜湖市繁昌区平铺镇茶冲村，占地近千亩。园内陆续引种了薰衣草、玫瑰、迷迭香、百里香等60余种香料植物以及茶叶、油桃、冬桃和山茶花等经济作物，先后开发了香草茶、纯露、精油等8个系列共计150余种香草产品。

纸鸢香草庄园以香草为媒介，在打造特色农业展示、观光和体验的同时，培育特色产业链，线上线下联合售卖香草衍生产品。以“香文化”作为庄园的主题IP，围绕着“香文化”来提供团建拓展、亲子研学、手作体验、餐饮民宿等服务，给游客带来不一样的体验，成为游客喜爱的“网红庄园”。在2023年，纸鸢香草庄园的各类产品销售额突破1800万元。

2. 上海金山奇果园

上海金山奇果园曾是一处定位为以猕猴桃采摘为主要产业的家庭农场，每年的水果成熟季是主要的推广接待时间。2021年农场引进30余种芳香植物，设立了芳香花园区域，开设了种植、拓印、纯露蒸馏、创意料理和烘焙等互动活动和课程。

随着社会的发展，芳香植物的创意餐饮和食品加工受到广泛的欢迎，因此有越来越多的芳香植物家庭农场被建设。许多芳香植物还可制成香囊、香袋、香枕等生活用品，开发成天然染料，作为食品用香料香精添加剂和纺织品染料，在人类生活中扮演越来越重要的角色。

第3节　中小型家庭养殖场案例简介

中小型家庭养殖场是指个体户或者规模较小的养殖场，通常饲养的动物有家禽、家畜等。

1. 丹艳水产养殖基地

位于浙江省宁波市鄞州区咸祥镇海南村的“丹艳水产养殖基地”，占地122亩，被列为宁波市农业精品园区，主要开展大棚南美白对虾养殖和青蟹人工育苗。

2. 金鳖山生态园

鄞州区金鳖山生态园通过对牛粪、蚯蚓、山鸡的利用，实现立体养殖，既解决了环境污染的问题，也提高了生态园的经济效益，生态园计划总投资600万元，预计年产值达到1500万元左右，现已建成40亩的山鸡放养场和60亩的蚯蚓养殖场。

3. 托亚家庭牧场

锡林郭勒盟镶黄旗托亚家庭牧场兼顾生态效益和经济效益，坚持以草定畜，发展适度规模经营，通过科学繁育、严格选育、标准化饲养，大力发展察哈尔羊养殖，探索出一条“精养、少养、绿色、高效”的生态型可持续草原畜牧业发展之路，在保持牧场良好生态的情况下，连续三年增收，2019年纯收入达到21万元。

4. 斯庆家庭牧场

鄂尔多斯市鄂托克旗斯庆家庭牧场是种养结合、生态绿色现代化家庭牧场的典型，通过科学防疫、优质繁育、精细管理，逐步改良提升阿尔巴斯山羊品种性能，不断提高养殖水平，同时，加强棚圈、饲草料加工基地等基础设施建设，提高生产率，利用养殖中产生的粪便、有机物肥田，种植优质牧草，形成了种养结合的良性循环，基础母羊养殖数量达到了400只，每年育肥羔羊400多只，每只羊收益1400多元。

5. 玉龙养殖家庭农场

贵州凯里市玉龙养殖家庭农场成立于2015年，位于贵州省凯里市经济开发区下司镇铜鼓村，距凯里市20余千米，交通便利，区位优势明显。家庭农场占地面积3000多平方米，其中圈舍面积1186.5平方米，养殖场内设有饲料间、药房、洗涤房等基础设施。玉龙养殖家庭农场与温氏集团采用“公司＋农场”的经营模式，由温氏集团提供猪苗、饲料、药物、免费技术指导，农场则需要按照公司要求修建猪舍、参加公司培训，通过这种模式进行养殖，使玉龙养殖家庭农场的生产经营风险得以降低。近年来，农场平均年出栏1400头，平均每头猪利润200—300元。

第4节　中小型家庭特色作物种植场

1. 特色农产品与一般农作物的核心差异

（1）稀缺性与地域性：特色农产品依赖于特定地理环境，产量受时空条件严格限制，具备不可复制性。

（2）生态高标准：生产过程禁用高量化肥和农药，工艺复杂且成本高昂，以品质为核心导向。

（3）基因独特性：拥有独特的生物遗传属性，其营养价值显著优于常规作物。

（4）文化附加值：兼具消费符号属性，满足身份认同、文化体验等精神需求，推动其成为市场潮流。

2. 典型案例分析

2.1 河北国奇农兴家庭农场

（1）基础信息

—— 成立时间：2015年；

—— 区位优势：石家庄藁城区富硒土壤带；

—— 种植结构：富硒小米、紫麦、玉米为主，延伸试种红薯、花生。

（2）发展路径

—— 产业转型：创始人李国奇2012年流转100亩土地，依托硒资源进行特色种植；

—— 技术升级：配备联合收割机、自走式打药机等设备，实现全程机械化作业；

—— 产业链延伸：建设仓储、晾晒、包装车间，开展订单农业，带动3个家庭农场；

—— 品牌建设：注册“三河一道”“藁南黄金”商标，开发小米酒等高附加值产品；

——生态循环：2018年试种经济作物，采用无害化畜禽粪肥替代化肥。

（3）经营成效

——溢价能力：藁优强筋麦单价高于市场0.4元/千克；

——年销售量：紫麦60吨、富硒小米40吨；

——综合收益：特色产品年增收20万元，社会化服务延伸收益。

2.2 天津禹道家庭农场

（1）运营特色

——精准定位：15亩精细化种植，实行C2M订单式生产；

——设施农业：集成水肥一体化、温控排风等智能系统；

——品种战略：从20种试种品种扩展至300余种，涵盖功能型、特种蔬菜。

（2）创新模式

——供应链优化：形成种植—包装—配送12小时直达体系；

——市场培育：通过品鉴推广实现特种蔬菜认知转化；

——动态调整：实行品种淘汰机制，保持30%的年更新率。

3. 发展启示

（1）资源禀赋驱动：深度挖掘地域特色（如硒元素），构建差异化竞争壁垒；

（2）科技赋能生产：机械化与智能设施降低人力依赖，提升标准化水平；

（3）价值链延伸：从种植向加工、品牌营销延伸，提高产品溢价空间；

（4）市场导向创新：通过订单农业、C2M模式精准对接消费升级需求。

第5节　小型家庭农场的多元化经营模式

家庭农场在生产、加工和销售方面具有更多的优势，一些家庭农场生产绿色、有机、生态农产品，并为其注册商标和品牌。一些家庭农场拓展了生产经营范围，延长了农业产业链条。一些家庭农场发展休闲观光采摘农业，让消费者体验农业生产乐趣、生态文化，同时获得农产品增值收益。一些家庭农场进行农产品初级加工，甚至有些进行农产品深加工，获得农产品加工环节的利润。这些拓展生产经营范围的举措，为家庭农场增加了更多的收益来源。

1. 妙农家庭农场

平湖市妙农家庭农场“老农场主”马剑法以网络直播的方式更直观地让客户了解水果种植管理全过程，有效地吸引并积累了一批客户。其子蒋豪哲毕业后参与农场管理，并在其父的影响下积极探索物联网智慧管理系统，带领农场走智慧农业、绿色农业之路。在水肥一体化智慧精准施肥、灌溉下，农场内的生产效率、水果质量得到提高，生产成本则有所下降。工人们只需要做一些疏花疏果的技术性工作，传统家庭农场利用数字化手段走上向“智慧农场”转型之路，不断提升农作物的产量与质量是农业数字化的应有之义。

2. 金稻家庭农场

金稻家庭农场位于江西省九江市都昌县汪墩乡七星村，是一家以稻谷种植和大米加工销售为主，以水产、畜禽养殖为辅的种养结合家庭农场。2013年，农场主刘庚元创立了金稻家庭农场，在他的悉心经营下，2018年农场总计销售有机稻谷和大米120余吨。

金稻家庭农场在起步时，也面临着“难卖”问题，销售方式单一，销售渠道非常有限，除了部分稻米直销给消费者以外，其余缺乏有效销售渠道。近些年金稻家庭农场积极拓展销售渠道，实行多元化销售策略，通过与粮店、商超合作，扩大销售范围，进行高端定制，与厂家合作等方法拓宽渠道。

金稻家庭农场在深耕本地市场的同时，积极加强自家品牌“稻元火”大米的对外展示和推介，不断提升农场对外形象和产品的对外影响力，将金稻家庭农场打造成全县优质品牌大米的展示平台和窗口。先后参加了北京贫困地区农产品产销对接会、厦门绿色有机食品博览会、南昌绿博会、上海展销会、湖南（贫困地区专场）展销会等各类农展会。通过对农场产品的专场展示、宣传推介和业务洽谈等促销活动，有效提升了“稻元火”大米在全国市场的知名度、美誉度和影响力。

家庭农场既可以把农产品销售给普通的收购商，也可以直接销售给农民合作社和农业企业。在2018年调查的1057个粮食类家庭农场中，有27.08%的家庭农场已经与农业产业化龙头企业建立了较为紧密的联系，成为农业产业链条中的重要一环，有效地促进了农村产业的融合发展。这些销售渠道的多样化和与企业的合作，也为家庭农场提供了更多的销售机会和利润空间。

第6节　小型家庭果树种植场

我国大多数的农民对农业生产极为熟悉，但对休闲经营缺乏经验，通常是自发地将自家的纯农业型农场向结合休闲的方向开拓。对于我国的农业现状来说，现阶段中国不可能像欧美国家那样发展大规模的家庭休闲农场，但适当地与企业合作，推进家庭休闲农场的企业化经营仍然十分必要。

1. 全胜家庭农场

全胜家庭农场创立于2011年，位于山西省运城市稷山县西社镇曹家庄村，农场总经营面积126亩，主要种植玉米、核桃、药材，养殖山羊等，是一个多元化经营的家庭农场。乔全胜最初的时候通过走访考察，最终将场址选在了吕梁山上的邻村曹家庄。农场所在的山头原来只有60亩弃耕土地，且杂草丛生、乱石遍地，一片荒芜。乔全胜带领家人分拣石头，把小块梯田逐步向四周扩展，经过多年努力逐步把农场土地面积扩展到了126亩，并在专家的指导下，栽植5000余株核桃树苗。全胜家庭农场按照科学开发和可持续发展的理念，遵循标准化、产业化、商品化的现代农业发展思路，以调整农业产业结构为目的，积极探索荒山治理办法，进行土地规模化、集约化经营。由于核桃皮薄、个大、质量好，市场反馈非常好，订单源源不断。2018年，农场通过网络销售核桃3000千克，每千克平均价格16—20元，实现销售收入5万元。农场通过打造循环农业模式，实现山坡草养羊、羊粪肥地、地再养树，在多年荒芜的吕梁山头，造就了一片绿洲，改善了当地生态环境。

2.疆南林果种植家庭农场

作为第二批全国家庭农场典型案例的新疆阿克苏市疆南林果种植家庭农场，位于阿克苏市喀拉塔勒镇尤喀日萨提村，经营土地面积1115亩（740亩为自有土地，375亩为流转土地），种植红枣400亩，苹果340亩，苗圃375亩，主要从事红枣、苹果及其果树苗的种植和销售。

农场引进优良品种提升林果品质，并推广建立2000亩红枣高效种植示范基地。为保证苗木纯度，农场根据品种特性分区进行苗木扩繁，配套灌水施肥设施，提高苗木成活率和质量，农场近两年的苗木成活率基本保持在90%以上。随着市场需求不断增加，农场连续两年效益在200万元以上。示范基地的鲜枣产量可以达到每亩500千克，亩均效益可达到3000元至5000元不等，使当地红枣种植水平和收益都有了较大提高。

阿克苏市疆南林果种植家庭农场通过不断实践和探索已经逐步实现了种植结构多元化，不断扩大种植面积，发展为一家集红枣、苹果和苗圃种植于一体的多元化经营的示范农场。

除阿克苏市疆南林昊种植农场外，阿克苏市盛世桃源家庭农场曾获首批全国家庭农场典型案例。该农场在不断优化种养结构的同时，积极打造休闲娱乐区，挖掘农场多种功能，形成“开心农场”格局，经营效益日益提高。目前，该农场以种植为主、养殖为辅，经营面积120亩，计划与周边20余家林果农场联合，组团打造面积近3000亩的“家庭农场+休闲旅游”农业观光园。

第7节　中国各地区家庭农场案例

1.北京崔村家庭农场

崔村镇目前共有59户家庭农场被录入“全国家庭农场名录”系统中，2021年共计50户申请北京市家庭农场示范户评选，最终15户家庭农场通过市级评审、公示，获得2021年度“北京市市级家庭农场示范户”称号。

1.1 典型案例

啟营种植园于1998年成立。张啟营从树形、品种下手进行了改造升级，成活率达到100%，他独创的苹果树改造技术实现了苹果稳产，苹果品质极高。2002年种植园开始实施标准化管理，从开春的病虫害防治到疏果、套袋、反光膜铺设、摘袋，冬天的施肥、修剪、打冻水，全部实施标准化管理及绿色管理。

啟营种植园家庭农场创立于2005年，占地面积共计50余亩，位于北京市昌平区崔村镇真顺村，东临高尔夫球场，西临滑雪场，北有山前暖带的气候，南有京密引水渠。依靠着独特的地理气候，农场种植的林果类果品多汁、脆甜，带有天然的果香，玉米粒粒饱满香甜可口。现如今农场品种有富士、国光，还引进新品种“红色之爱”、蟠桃8号、锦绣黄桃、中华寿桃，还种植核桃、李子等，林下种植蒲公英、栗蘑、玉米等农作物。产量从最开始的亩产500千克达到了亩产2300千克。靠着多元化品种的种植及与北京军都山红苹果专业合作社的联合，农场有了品牌共享，农产品年年畅销。

2014年开始进行科普活动，农场与农学院合作，让学生参加果树的日常管理，普及果树的种植知识；2008—2019年在昌平区苹果文化节期间荣获苹果金奖、银奖，新品种金奖。

1.2 存在的问题及工作计划

(1) 存在的问题

一是农户对家庭农场运营的模式不熟悉，同时缺乏相关经验；二是家庭农场市级示范户的评选办法不够完善，分值权重需要重新衡量。

(2) 工作计划

一是加大对农户关于家庭农场的政策解读力度，让农户更加了解家庭农场工作；二是加快推进与科研单位签订协议的进度，为农户提供专业服务与帮助；三是提高我镇家庭农场的质量与规模，打造更多优秀的家庭农场。

2. 白银市白银区家庭农场

2.1 发展现状

白银市白银区作为传统农业区域，依托黄河水资源和多样化的地理条件，形成了以蔬菜、苹果、粮食、畜禽、水产为主的特色家庭农场产业体系。截至当前，全区共有家庭农场229个。

——行业分布：种植业占34.5%（79个），养殖业占41.48%（95个），种养结合占21.84%（50个），林业和水产占少数。

——经营收入：年总收入约4000万元，但62.45%的农场年收入低于10万元，仅9.17%的农场年收入超过10万元，反映出规模效益不足的问题。

——年龄结构：农场主老龄化严重，60岁以上占比达51.53%，而40岁以下仅占11.79%，青壮年劳动力短缺现象显著。

在政策支持方面，白银区通过粮改饲项目调整实施主体（如2024年变更合作社收贮任务）优化资源配置，同时邮储银行等金融机构推出惠农贷款，缓解部分农场的资金压力。

2.2 主要问题与制约因素

（1）土地规模化经营难度大

耕地分散、流转周期短（多为一至三年），农民依赖土地作为保障，导致规模化生产受阻。例如，白银顺茂肉牛养殖专业合作社因土地收储任务调整退出项目，反映出土地流转的不稳定性。

（2）管理方式与技术落后

农场主多为老龄人口，缺乏现代农业技术应用能力。例如，多数家庭农场仍依赖传统工具，智慧农业技术（如智能灌溉、无人机植保）普及率低。

（3）资金短缺与融资困难

农业生产周期长、抵押物不足导致融资难。尽管邮储银行通过“惠农贷”发放6068万元贷款（2023年数据），但仅覆盖部分需求，且保险覆盖范围有限，抗风险能力弱。

（4）销售渠道与品牌建设薄弱

多数农场缺乏品牌意识，依赖中间商低价收购。例如，武川乡的和尚头面粉虽通过“公司＋合作社＋农户”模式打开市场，但全区类似案例较少，农产品附加值开发不足。

2.3 适宜发展模式推荐

基于白银区资源禀赋，可推广以下家庭农场模式。

（1）智慧农业型农场

引入智能灌溉、物联网监测等技术，提升生产效率。例如，金土地合作社通过智慧农业实现蔬菜种植规模化。

（2）种养循环型农场

结合林果种植与禽畜养殖（如九悦农场的“禽林互作”模式），降低生产成本并实现生态循环。

（3）品牌化特色农场

依托本地特色产品（如和尚头面粉、糖心苹果），通过电商平台拓展销售，如弘翔合作社通过网络销售年收入20万元。

2.4 发展对策建议

（1）优化土地流转机制

—— 建立区域性土地信息平台，推动长期流转合约，减少不确定性；

—— 探索土地入股、托管等多样化流转形式，参考粮改饲项目的动态调整经验。

（2）强化金融与保险支持

—— 扩大邮储银行“惠农贷”覆盖面，开发灵活信贷产品（如随借随还），解决季节性资金需求；

—— 推动保险公司设计针对家庭农场的特色险种，覆盖极端天气等风险。

（3）推动技术培训与人才引进

—— 联合高校和科研机构开展培训，重点推广智慧农业技术（如无人机植保）；

—— 吸引青壮年返乡创业，提供政策扶持（如税收减免、创业补贴）。

（4）拓展销售渠道与品牌建设

—— 搭建“互联网＋农业”平台，利用电商直播、社区团购等模式，减少中间环节；

—— 鼓励家庭农场与龙头企业合作，如借鉴甘肃景邦农业科技发展公司的品牌化运营经验。

（5）完善政策与产业链协同

—— 加强政府主导的产销对接会，促进农场与超市、企业合作；

—— 推动家庭农场协会成立，促进经验共享与资源整合，形成区域集群效应。

2.5 小结

白银区家庭农场发展潜力巨大，但需通过制度创新、技术赋能和产业链整合突破当前瓶颈。未来可结合本地特色，构建“政策支持＋技术驱动＋市场导向”的发展模式，助力乡村振兴与农业现代化。

3. 云南蒙自市家庭农场：村企联动的蓝莓产业振兴实践

3.1 联农助农，构建特色产业生态链

云南省蒙自市以“万企兴万村”行动为支点，通过“村企结对＋产业共建”模式，打造蓝莓全产业链协同发展体系。通过“622”收益分配机制（农户60%、村集体20%、企业20%），形成利益共享格局，实现以下成果。

农户转型：培育家庭农场80个，覆盖540亩，农户亩均增收超3万元，从传统务工者转变为产业链核心参与者。

集体经济激活：村集体通过土地入股、运营分成等途径实现稳定收益，草坝镇前进村单个项目年创收33万元。

企业提质增效：龙头企业云科创、振晟农业等实现产业规模化发展，示范园产值突破680万元。

技术赋能案例：云科创现代农业公司构建“5+4”发展模式，通过统一技术标准、数字化管理系统及全链条服务支持，孵化新型经营主体60户，户均经营性收入达30万元。其200亩数字化示范基地实现水肥精准调控，提升产出效率30%。

3.2 村企共建，创新合作机制

蒙自市工商联构建“双主体联动”机制，组织66家执委企业、5个商协会对接88个重点村，形成三大合作模式。

合作模式	实践案例	成效表现
三主体联营	前进村“农户＋村企＋龙头企业”	34亩蓝莓年产值229万元
土地资本化	振晟农业集体土地入股项目	11亩蓝莓年创收74万元
人才培育体系	马街村技术培训基地	培养技术骨干20人，创收80万元

管理创新：引入自动化灌溉系统、物联网监测设备，建立“技术专家驻点＋远程诊断”服务体系，解决种植技术难题23项，降低生产风险40%。

3.3 东西协作，打造产业升级新范式

通过跨区域资源整合，实现以下成果。

技术引进：鑫荣懋集团引入智利浆果种植技术，建设2万亩国际蓝莓示范区。

产销对接：创建全国首个蓝莓盒马村，1100亩基地直供全国市场，物流成本降低15%。

就业带动：年吸纳1.2万农民工就业，户均增收5万元，形成“土地流转+基地就业”双收益机制。

产业集聚效应：建成红河（国际）蓝莓示范区等3大产业园区，吸引社会资本3160万元，带动周边10个村形成产业集群，土地集约利用率提升至85%。

3.4 发展成效与启示

核心数据如下。

（1）参与民营企业1289家，82个村实现“双企结对”。

（2）2023年80个家庭农场户均收入超20万元，最高达百万元；村集体经济平均收入42.04万元。

（3）土地产出值从传统作物每亩3000元跃升至蓝莓每亩产值12万元。

创新启示如下。

（1）要素重组机制：通过“土地资本化+技术入股+管理输出”实现资源增值。

（2）风险共担设计：建立保底收购、技术兜底等保障条款，降低农户参与门槛。

（3）数字化转型路径：从种植端数字化向供应链溯源延伸，扩大产品溢价空间。

（4）区域协同策略：东部企业带技术、西部资源拓市场，构建全国性产业网络。

蒙自实践证明，以特色农业为纽带，通过制度创新激活土地、资本、技术三大要素，能够有效破解“小农户对接大市场”难题，为西部地区的乡村振兴提供可复制的发展模板。未来需重点加强冷链物流配套、品牌矩阵建设及三产融合开发，持续提升产业附加值。

4. 沧县农盟家庭农场的特色种植模式分析

沧县农盟家庭农场通过差异化定位、生态化管理和创新营销策略，成功打造了一条以“复刻传统桃香”为核心的特色农业路径。以下从品种选择、生态管理、营销模式三个维度拆解其成功经验。

4.1 品种选择：以传统风味破局市场同质化

（1）差异化定位

—— 瞄准市场空白：避开油桃、油蟠桃等热门品种，选择传统蜜桃（永莲5号、永莲8号），以“找回儿时桃香”为卖点，精准定位追求天然风味的消费群体。

—— 品种优势：永莲系列蜜桃兼具脆硬口感与浓郁桃香，通过早熟（7月）与晚熟（9月）品种搭配，延长采摘期，覆盖不同市场的需求。

（2）文化价值赋能

—— 关联深州蜜桃、平谷蜜桃等传统名桃的品牌认知，强化“蜜桃＝正宗桃味”的消费者认知，提升产品溢价空间。

4.2 生态管理：以品质为核心重构种植逻辑

（1）精细化生产控制

—— 产量换品质：通过疏果（每棵树保留80果，减少40％的挂果量），集中养分培育大果型高品质桃，单果重量可达0.75千克。

—— 技术加持：聘请深州蜜桃种植专家指导修剪技术，优化树形结构，提升光合效率。

（2）全链条生态循环

—— 有机肥替代化肥：施用畜禽粪便发酵肥、豆粕、芝麻饼肥等高成本有机肥，改良土壤结构；粉碎桃枝、杂草还田，增加土壤有机质。

—— 绿色防控：采用诱虫灯、生物制剂替代化学农药，减少农残风险，契合健康消费趋势。

（3）自然共生理念

—— 保留桃园杂草，改善土壤透气性，通过机械割草还田实现生态循环，降低除草剂依赖，构建可持续种植系统。

4.3 营销创新：从卖产品到卖体验

（1）沉浸式消费场景

—— 桃树认养活动（“我在大白洋桥有棵桃树”）：消费者参与剪枝、施肥、采摘全流程，增强情感连接与品牌忠诚度。

—— 会员定制服务：提供20千克自采或15千克配送选项，满足城市家庭对“田园体验＋优质鲜果”的双重需求。

（2）节日经济与礼品化包装

—— 推出中秋礼品桃（6枚/盒＋“福禄寿喜”标签），以“好彩头”文化符号提升附加值，单桃售价达10元，年销千箱。

—— 通过“限量供应＋品质背书”制造稀缺性，吸引中高端客群。

（3）社群化运营

—— 建立认养用户群，实时分享桃树生长动态、生态管理过程，构建透明化信任关系，推动口碑传播与复购。

4.4 启示：传统农业的“三化”升级路径

（1）品质化：以消费者需求为导向，通过生态种植技术重构产品竞争力；

（2）体验化：将农业生产转化为可参与的消费场景，提升附加值；

（3）品牌化：挖掘传统品种的文化价值，打造差异化品牌故事，突破低价竞争困局。

4.5 小结

沧县农盟家庭农场通过“传统品种＋生态技术＋情感营销”三位一体模式，在红海市场中开辟出高端蜜桃细分赛道，为中小型农场转型升级提供了可复制的范本。其核心在于将农业从单一生产环节延伸至价值链后端，以用户体验和品质信任构建护城河。

第8章

家庭农场建设面临的困境及解决途径

第1节　面临的困境

1. 自身的能力不够

家庭农场的组织者一般都是本地农民，大多数人文化水平较低，所以大多数家庭农场主受自身的能力限制，农场发展迟缓。这些农民没有经营过企业，不是工商管理科班出身。而且很多家庭农场本身就是在没有明确的目标或创业家的使命感下成立的，有的以为可以得到相关补贴，有的以为跟别人合作比较好干。所以，把家庭农场当作一个商业组织、一个企业来看，带头人本身的能力还很欠缺。

家庭农场虽然小，但是成立之后没有章法，而且科学种植、养殖还得采购种子、化肥，还涉及产品销售、物流储运等诸多环节，比以前的工作多了很多，没有正规的指导，不知道咋干。成立了组织，就得有管理、有制度，而很多家庭农场连进销存账目都没有做过，以为加入组织就是简单的“归大队”“合伙干”，甚至认为是回到“大集体”时代，从而怕失去生产经营自主权。

有的农场虽然成立的时候有通用的章程，以及明确的分工，但都是形式，根本发挥不了作用，也不知道怎么发挥作用。所以经常出错，比如种植、养殖一些不对销路的产品，盲目投资或生产一些产品。

有的农场虽然带头人是有一定实践经验的专业户，但缺少理论指导和科技知识，就算自己能种好，但要规范化种植、提高科技水平，并指导别人一起种植就难了。

其实，在种植、养殖技术方面，相关政府、农业部门还是做了很多努力，一些大型企业、科研院校等在很多地方都设立了科研基地、种植基地、试验基地，也经常去指导种植、养殖。但是，很多家庭农场的生产销售、宣传推广能力不足，只能靠自己摸索，由于不专业、不懂市场，经常出现被“坑蒙拐骗”的情况。

2. 家庭农场技术短缺

在当今这个追求高效、可持续发展的时代，家庭农场作为农业经济的微观基础，其技术需求不仅关乎自身生产效率与竞争力的提升，更是推动农业现代化进程、保障国家粮食安全的关键一环。因此，深刻认识并有效满足家庭农场的技术需求，是摆在我们面前的一项紧迫而重要的任务。

首先，家庭农场迫切需要智能化农业技术的应用。这包括但不限于精准农业系统，如智能灌溉、无人机植保、土壤养分监测等。这些技术能够大幅提高资源利用效率，减少化肥农药的过度使用，实现环境友好型生产。通过数据分析与远程监控，家庭农场主可以精准掌握作物生长状况，及时调整管理措施，从而在不增加成本的前提下，显著提升作物产量与品质。

其次，生物技术的引进与应用对于家庭农场而言同样至关重要。基因编辑、生物育种等现代生物技术，能够帮助培育出抗逆性强、营养价值高、市场适应性好的新品种。这不仅增强了家庭农场应对自然灾害的能力，也为市场提供了更多元化的农产品选择，满足了消费者日益增长的品质需求。

再者，信息化与电子商务平台的融合，为家庭农场打开了广阔的市场空间。通过建立自己的品牌官网、入驻电商平台或利用社交媒体营销，家庭农场可以直接对接消费者，减少中间环节，提高利润空间。同时，大数据分析能助力农场主精准定位目标客户群，制定个性化的营销策略，实现农产品销售的高效转化。

此外，机械化与自动化技术的普及也是家庭农场技术升级不可或缺的一环。从耕种、收割到加工、包装，全程机械化作业不仅能大幅减轻人力负担，提高作业效率，还能保证作业质量的一致性，为家庭农场实现规模化、标准化生产奠定坚实基础。

综上所述，家庭农场的技术需求是多维度、全方位的，涵盖了智能化、生物技术、信息化、机械化等多个领域。只有紧跟时代步伐，积极拥抱新技术，家庭农场才能在激烈的市场竞争中立于不败之地，为农业可持续发展贡献力量。政府、科研机构及社会各界应携手合作，为家庭农场提供技术支持、政策引导与市场对接服务，共同开创农业现代化新篇章。

3. 家庭农场建设缺少人才

在当今农业现代化的浪潮中，家庭农场作为连接传统农业与现代农业的桥梁，正扮演着越来越重要的角色。它们不仅是保障国家粮食安全、推动农村经济多元化发展的关键力量，更是实现农业可持续发展、促进乡村振兴的重要载体。然而，要充分发挥家庭农场的潜力，实现高效、绿色、智能的生产模式，关键在于拥有一支高素质、专业化的人才队伍。以下，我们将从几个核心维度阐述家庭农场对人才的需求，以期引起社会各界的广泛关注与重视。

（1）农业技术人才：创新生产的驱动力

家庭农场迫切需要具备现代农业技术知识的专业人才，包括但不限于作物育种、病虫害绿色防控、精准灌溉与施肥、智能化农机操作等领域。这些技术人才能够运用先进的农业科技手段，提高作物产量与品质，降低生产成本，同时减少对环境的影响，是实现农业高效益、生态化转型的关键。

（2）经营管理人才：市场化运作的舵手

随着市场竞争的加剧，家庭农场需要既懂农业又擅长市场经营的复合型人才。他们应具备市场分析、品牌建设、营销策略制定等能力，能够有效对接市场需求，优化产品结构，拓宽销售渠道，提升农场的市场竞争力和品牌影响力。通过精细化管理，实现农场经济效益与社会效益的双赢。

（3）财务与法务顾问：稳健发展的守护者

在农场运营过程中，良好的财务管理和合规的法律支持是不可或缺的。专业的财务人才能够帮助家庭农场合理规划资金运作，控制成本，提高资金使用效率；而法律专家则能确保农场在土地流转、合同签署、知识产权保护等方面合法合规，避免法律风险，为农场的长期稳定发展保驾护航。

（4）可持续发展倡导者：绿色未来的引领者

面对全球气候变化和资源约束的挑战，家庭农场还需积极拥抱可持续发展理念。因此，具备生态环保知识、了解循环农业和有机农业等新型农业模式的人才至关重要。他们能够引导农场采用更加环保的生产方式，促进资源循环利用，减少碳排放，为实现农业的绿色转型贡献力量。

综上所述，家庭农场的发展离不开多元化、高素质的人才支撑。社会各界应加大对农业人才的培养与引进力度，通过政策激励、教育培训、产学研合作等多种途径，构建一个有利于人才成长与发挥作用的良好环境。只有这样，家庭农场才能在新时代的农业发展中焕发出更加蓬勃的生机与活力，为乡村振兴战略的深入实施提供坚实的人才保障。

4. 家庭农场建设资金不足

缺钱是所有家庭农场面临的普遍问题。季节性资金需求矛盾十分突出，种子、化肥、饲料年年涨价，农机具、设备都要用钱。虽然很多地方政府都有资金支持、涉农贷款等，但是杯水车薪，远水解不了近渴。

家庭农场融资渠道狭窄，由于投入产出无法准确预测，还贷能力无法合理评估，就算有贷款政策，很多家庭农场也贷不到款。而农民由于缺少银行需要的抵押物、质押物，又不太容易找到担保人，所以贷款融资也很难。

想振兴农村的产业，就要提升以家庭农场为主的新型农业经营主体的竞争力，就要依托不同地区的特点，把原始的种植、养殖、采摘等粗放的农业生产改造成产业化生产，通过现代化的技术、管理、商业和经营的手段从根本上改变农业。只有让每一个农民都成为产业链上的一环和产业大军的一员，农业才会成为正向流动的产业，才会将农村的原始资源转换成现代化的商业、经济和文化资源，并带来高附加值。

第2节　困境的解决途径

在乡村振兴战略纵深推进的背景下，家庭农场作为现代农业经营体系的重要载体，其健康发展已成为关乎“三农”问题的关键环节。面对融资约束、市场风险、技术壁垒等多重困境，需要构建多层次、多维度的解决方案体系。

1. 金融支持体系的立体化构建

1.1 政策性金融精准滴灌

建议设立“家庭农场专项扶持基金”，通过“财政注资＋社会资本参与”模式，对通过省级示范评定的家庭农场给予3—5年期贴息贷款。如浙江省实施的“农创客”计划，已累计发放专项贷款42亿元，带动土地集约经营面积超百万亩。

1.2 商业金融产品创新

推广“农机具抵押贷款”“农产品仓单质押”等新型融资模式。江苏宿迁试点“家庭农场信用积分系统”，将绿色认证、质量追溯等指标纳入授信评估，使优质农场融资成本降低2%—3%。

1.3 风险分担机制完善

构建“政策性保险＋商业保险＋互助保险”三重保障体系。在山东寿光设施农业保险创新模式中，政府补贴保费60%，引入气象指数保险，实现灾后72小时内快速理赔。

2.产业链价值提升路径

2.1 标准化生产体系建设

推行GAP（良好农业规范）认证，建立从田间到餐桌的全程质量控制体系。陕西洛川苹果产业联盟通过统一技术标准，使成员农场溢价能力提升35%。

2.2 品牌化运营策略

实施“区域公用品牌＋企业品牌”双轮驱动。“五常大米”地理标志保护工程中，家庭农场通过标准化种植和溯源管理，实现产品溢价50%以上。

2.3 数字化赋能转型

推广“智慧农场”管理系统，集成物联网监测、精准灌溉、智能预警等功能。广东徐闻菠萝产业大数据平台帮助农场主实时掌握市场价格波动，订单履约率提升至92%。

3.社会化服务网络构建

3.1 建立区域性农业综合服务中心

整合农技推广、质量检测、物流配送等服务。四川崇州建立的“农业服务超市”，提供18类132项专业化服务，降低农场运营成本约20%。

3.2 发展农业生产性服务业

培育专业化的植保服务、农机租赁、仓储物流等市场主体。河南许昌成立的无人机植保联盟，服务半径覆盖300千米，作业效率较传统方式提高8—10倍。

3.3 完善人才培养机制

实施“新型职业农民培育工程”，建立“学历教育＋技能培训＋创业孵化”三维培养体系。江苏农林职业技术学院开设的家庭农场主MBA班，已培养复合型管理人才1200余名。

4.政策保障体系优化

4.1 土地制度创新

推广“三权分置”改革实践经验，探索土地经营权证券化路径。安徽金寨试点的“宅基地置换＋土地信托”模式，使农场平均经营规模扩大至380亩。

4.2 税收优惠政策完善

对家庭农场购置智能农机具实行13%增值税即征即退，技术引进费用按150%加计扣除。江西赣州实施的“绿色农业税收激励计划”，带动节水灌溉设备普及率提升40%。

4.3 市场准入机制改革

建立农产品“合格证＋”制度，实现检测结果全国互认。海南自贸港建设的全球动植物种质资源引进中转基地，已帮助300余家农场获得国际认证资质。

这套立体化解决方案体系已在多个国家农业改革试验区取得显著成效。统计数据显示，实施综合改革的地区家庭农场平均营收增长率达25%，土地产出率提高40%，带动农户人均增收超3000元。未来需要继续深化体制机制创新，构建政府引导、市场主导、社会参与的可持续发展格局，为家庭农场突破发展瓶颈提供系统化解决方案。

第9章

家庭农场盈利模式设计

第1节 家庭农场经营盈利模式框架

在探讨家庭农场经营的盈利模式设计时，我们必须深刻认识到，这不仅是对土地和资源的有效利用，更是对传统农业智慧与现代商业理念的深度融合。一个成功的家庭农场，其盈利模式应当是多元化、可持续且富有创新性的，在追求最大化经济效益的同时，兼顾环境保护与社会责任。以下是一套精心设计、极具说服力的家庭农场盈利模式框架。

1. 特色农产品直销

核心策略：依托本地特色作物或畜禽养殖，如有机蔬菜、特色水果、散养家禽等，直接面向消费者销售，减少中间环节，提升利润空间。

实施路径：建立线上电商平台与线下体验店相结合的销售网络，利用社交媒体、直播带货等新兴渠道扩大品牌影响力，增强客户黏性。

2. 农旅融合体验

核心策略：将农业生产过程转化为旅游体验项目，如亲子农耕体验、果蔬采摘、农家乐餐饮等，吸引城市居民前来体验乡村生活，增加非农业收入。

实施路径：规划特色农旅路线，举办季节性农业节庆活动，如草莓采摘节、油菜花观赏节等，提升农场知名度和吸引力。

3. 生态农业循环

核心策略：采用生态农业技术，如轮作休耕、生物防治、有机肥料等，构建闭环生态系统，提高资源利用效率，降低生产成本。

实施路径：引入沼气发电、堆肥制作等循环农业技术，将废弃物转化为资源，同时提升农产品品质，满足市场对绿色健康食品的需求。

4. 品牌化与认证

核心策略：注重品牌建设，申请有机产品、地理标志产品等官方认证，提升产品附加值。

实施路径：建立统一的产品包装与品牌形象，参与国内外农产品博览会、展销会，提升品牌知名度和市场竞争力。

5. 教育与培训

核心策略：利用农场资源，开展农业知识普及、技能培训等活动，如农耕文化讲座、生态农业技术培训等，拓宽收入来源。

实施路径：与教育机构、社区合作，举办青少年科普夏令营、农民技能培训班，既传播知识，又创造经济效益。

6. 合作与联盟

核心策略：与其他家庭农场、合作社建立战略联盟，共享资源，共同开拓市场，形成规模效应。

实施路径：参与或发起行业协会，联合采购生产资料，统一销售农产品，降低运营成本，提高议价能力。

综上所述，家庭农场要想在激烈的市场竞争中脱颖而出，就必须打破传统单一盈利模式，构建多元化、创新性的盈利体系。通过上述策略的实施，不仅能够显著提升农场的经济效益，还能促进农业可持续发展，实现经济效益、生态效益与社会效益的和谐统一。这不仅是家庭农场发展的必由之路，也是推动农业现代化进程的重要力量。

第2节　家庭农场复制盈利模式设计原则

在探讨家庭农场如何通过复制盈利模式实现规模化与可持续发展的道路上，我们必须采取一种既创新又务实的策略，以确保这一模式不仅能够促进家庭农场的经济增长，还能为农业现代化贡献力量，同时保留乡村的原始魅力和生态平衡。以下是一套精心设计、具有高度说服力的家庭农场复制盈利模式设计原则。

1. 核心竞争力的精准定位

每个家庭农场都应基于其独特的地理位置、自然资源、文化传统以及现有技术能力，精准定位其核心竞争优势。比如，有的农场可能擅长有机蔬菜种植，有的则因美丽的田园风光而成为乡村旅游的热门目的地。明确这一点，是复制盈利模式的前提，确保每个复制其模式的农场都能保持特色，避免同质化竞争。

2. 标准化运营体系构建

为了实现盈利模式的可复制性，建立一套标准化的运营体系至关重要。这包括但不限于种植/养殖技术的标准化流程、产品质量的严格把控、客户服务体系的统一标准等。通过技术培训、远程监控技术和智能化管理系统，确保每个复制其模式的农场都能高效、稳定地运营，同时保持产品和服务的高品质。

3. 品牌化与市场营销策略

强大的品牌是家庭农场复制盈利模式成功的关键。通过打造具有辨识度的品牌形象，结合线上线下多渠道营销，如社交媒体推广、电商平台合作、体验式农业活动等，提高品牌知名度和客户黏性。同时，利用大数据分析消费者偏好，精准定位市场，实现差异化竞争，增强品牌的市场影响力。

4. 多元化收入来源开发

单一的收入来源限制了家庭农场的抗风险能力。因此，应积极探索多元化盈利模式，如农产品深加工、乡村旅游、农业教育体验、农产品电商平台等。这不仅能增加收入，还能通过产业链的延伸提高农产品的附加值，形成良性循环。

5. 社区支持与共享经济模式

鼓励并实践社区支持农业（CSA）和共享经济模式，通过会员制度、预售模式等，建立稳定的消费者群体，减少中间环节，提高利润空间。同时，与其他农场、当地社区乃至更广泛的农业网络建立合作关系，共享资源，降低成本，共同抵御市场风险。

6. **可持续发展与社会责任**

在复制盈利模式的过程中，始终重视可持续发展和社会责任。采用环保农业技术，保护生态环境，维护生物多样性。同时，积极参与乡村建设，提升农民生活水平，促进地方经济发展，实现经济效益与社会效益双赢。

综上所述，家庭农场复制盈利模式的成功，不仅依赖于科学的规划和管理，更在于经营者对农业本质的深刻理解与尊重。通过精准定位、标准化运营、品牌塑造、多元化收入、社区共享以及可持续发展策略的综合运用，我们完全有理由相信，家庭农场能够在新时代的农业浪潮中绽放出更加璀璨的光芒。

第3节　家庭农场策划与盈利模式设计内容

在探索家庭农场策划与盈利模式设计的广阔天地里，我们不仅要深耕自然的馈赠，更要智慧地编织一张连接市场与田园的金色网络。以下是一套旨在提升家庭农场经济效益、增强可持续发展能力，并兼顾社会责任与环境友好的盈利模式设计方案。

1. **品牌化运营，打造特色IP**

确立并强化家庭农场的品牌形象是关键。通过挖掘当地文化、历史故事或独特农产品，塑造一个具有辨识度和情感连接的品牌IP。利用社交媒体、线上线下活动及口碑传播，讲述品牌背后的故事，增强消费者的认同感，从而提升产品附加值。

2. **多元化产品线，满足市场需求**

家庭农场应开发多元化产品线，包括但不限于有机蔬菜、水果、禽蛋、乳制品、手工艺品及体验式旅游产品等。通过精准市场调研，了解消费者偏好，定制化生产，既满足日常消费需求，也提供高端定制服务，如节日礼盒、企业团建定制体验等，拓宽盈利渠道。

3. 体验式营销，增强用户黏性

打造体验式农场，如亲子农场、教育研学基地等，让顾客亲身体验种植、采摘、制作农产品的乐趣，不仅增加收入来源，还能加深顾客对品牌的忠诚度。通过举办季节性活动、农耕文化节等，增强社区参与感，形成稳定的回头客群体。

4. 智慧农业，提升生产效率

引入物联网、大数据、人工智能等现代科技手段，实现精准灌溉、病虫害预警、智能温室管理等，大幅提高农业生产效率和作物品质。同时，利用数据分析优化种植结构，减少资源浪费，降低成本，为盈利创造更多空间。

5. 绿色认证，提升市场竞争力

积极申请有机产品认证、绿色农产品标识等，以官方背书提升产品信誉，满足消费者对健康、安全食品的需求。这不仅是对产品质量的保证，也是其区别于普通农产品的差异化竞争优势，有助于其在激烈的市场竞争中脱颖而出。

6. 合作联盟，共享资源与市场

与其他家庭农场、农产品加工企业、电商平台等建立战略合作关系，共享销售渠道、物流资源和技术支持，形成产业链上下游的紧密联动。通过联合营销、品牌共建等方式，扩大市场覆盖范围，共同抵御市场风险。

7. 可持续发展，回馈社会与自然

坚持可持续发展理念，实施循环农业，如秸秆还田、畜禽粪便资源化利用等，保护生态环境。同时，积极参与社区公益活动，提升品牌形象，吸引更多关注和支持，形成良性循环。

综上所述，家庭农场要想在激烈的市场竞争中脱颖而出，就必须注重品牌建设、产品多元化、体验式营销、智慧农业应用、绿色认证、合作联盟以及可持续发展等多方面策略的综合运用。这不仅是对传统农业模式的革新，

更是对未来农业发展趋势的积极响应，让我们携手共创家庭农场的美好未来。

第4节　发展家庭农场的建议

1. 构建多元化经营主体体系

1.1 培育特色经营主体

当前家庭农场经营主体呈现三类典型群体：

（1）工商资本转型型：由经商致富群体转型而来，具有市场敏感度和资本运作优势，擅长品牌营销与产业链整合。

（2）科技专家领办型：由农业科研人员主导经营，具备技术创新优势，在良种培育、精准农业方面成效显著。

（3）本土能人带动型：由种田能手发展而来，熟悉当地农业生态，在传统技艺传承与适度规模化方面表现突出。

1.2 建立主体协同发展机制

（1）构建“家庭农场＋合作社＋龙头企业”的产业联合体，实现资源共享与优势互补。

（2）推行跨区域经营主体联盟，促进不同地域特色农场的经验交流与市场协同。

（3）实施新型职业农民认证制度，建立包含技术等级、经营规模、生态效益的立体评价体系。

2. 推进现代化生产体系建设

2.1 构建适度规模经营体系

（1）土地整合策略

—— 建立县域土地流转服务中心，实施“三权分置”数字化管理；

—— 推广土地股份合作制，农户以土地承包权入股获取保底收益＋分红；

—— 探索“虚拟地块”管理模式，实现分散土地的集中经营。

（2）设施装备升级工程

—— 制定家庭农场农机具购置分级补贴标准；

—— 建设区域性农业设施共享平台（如智能温室、烘干仓储设施等）；

—— 推广“智慧农场”解决方案，标配物联网监测系统。

2.2 实施科技赋能计划

（1）建立“四位一体”技术服务体系

农业科研院所（技术研发）→农技推广站（成果转化）→家庭农场（应用实施）→大数据平台（效果反馈）。

（2）重点推广技术清单

—— 生物防治与生态种养技术；

—— 水肥一体化智能灌溉系统；

—— 农产品质量追溯区块链应用；

—— 农业废弃物资源化利用方案。

3. 完善政策支持保障机制

3.1 创新财政金融支持体系

（1）设立家庭农场发展专项基金，实施“以奖代补”政策。

（2）构建三级信用担保体系：政府担保基金（50%）＋行业协会联保（30%）＋商业保险（20%）。

（3）推出特色金融产品

—— 土地经营权抵押贷款；

—— 农产品期货订单融资；

—— 农业设施保险证券化产品。

3.2 健全社会化服务体系

（1）构建“一云多端”信息服务平台

—— 农业生产决策支持系统；

—— 市场价格预警分析平台；

—— 在线技术培训学院。

（2）建立区域性服务中心网络

每县设立家庭农场服务中心，提供：

—— 标准化生产规程制定；

—— 质量认证辅导；

—— 电商渠道对接；

—— 法律咨询服务。

3.3 优化制度保障环境

（1）完善法规体系

—— 制定《家庭农场管理条例》；

—— 出台《农业设施确权登记办法》；

—— 建立农场主权益保护快速响应机制。

（2）实施人才振兴计划

—— 设立“青年农场主”创业扶持基金；

—— 推行“农业经理人”资格认证制度；

—— 建立产学研用一体化实训基地。

主要参考文献

［1］ 中华人民共和国国民经济和社会发展第十四个五年规划和2035年远景目标纲要［DB/OL］.（2021-03-13）［2022-12-25］. http：//www. xinhuanet. com/2021-03/13/c_1127205564.htm.

［2］ 中共中央、国务院关于做好2022年全面推进乡村振兴重点工作的意见［DB/OL］.（2022-02-22）［2022-12-25］. http：//news.sohu.com/a/524692868_121106902.

［3］ 农业部关于促进家庭农场发展的指导意见［DB/OL］.（2014-02-24）［2022-12-25］. http：//www.gov.cn/zhengce/2016-05/22/content_5075689.htm.

［4］ 孙九林.农业信息工程的理论、方法与应用［J］. 中国工程科学，2000（3）：87-91.

［5］ 汪懋华.发展精细农业的思考［J］. 农机科技推广，2002（2）：4-6.

［6］ 郭新宇，赵春江，王素英.数字农业信息标准研究［J］. 中国农学通报，2005（5）：404-407.

［7］ 石元春.我国农业信息化发展战略［J］. 科技导报，2003（8）：3-6.

［8］ 朱启臻.互联网不是农业的灵丹妙药［J］. 中国农村科技，2015（9）：15.

［9］ 隗玮."数字农业"与我国农业的可持续发展［J］. 经济问题探索，2003（11）：71-72.

［10］ 王一鸣.数字农业与数字农业工程技术的现状与发展［C］//中国农业工程学会. 中国农业工程学会第七次会员代表大会论文集，2004：21-22.

［11］ 赵春江.我国数字农业技术发展战略与主要研究进展［C］//中国作物学会. 2004'中国作物学会学术年会会议资料，2004：9-13.

［12］ 唐华俊.强化数字农业科技创新［J］. 中国合作经济，2020（3）：10-11.

［13］ 孙九林，李灯华，许世卫，吴文斌，杨雅萍.农业大数据与信息化基础设施发展战略研究［J］. 中国工程科学，2021（4）：10-18.

［14］ 王小兵.中国农业数字化转型的做法与经验［J］. 大数据时代，2021（10）：24-25.

［15］龙海波.数字化转型助推农业高质量发展［N］.中国经济时报，2019-10-22（4）.

［16］刘元胜.农业数字化转型的效能分析及应对策略［J］.经济纵横，2020（7）：106-113.

［17］殷浩栋，霍鹏，汪三贵.农业农村数字化转型：现实表征、影响机理与推进策略［J］.改革，2020（12）：48-56.

［18］胡晓斌.家庭农场数字化系统研究——以宿州市埇桥区国家现代农业示范区为例［J］.安徽农业科学，2017（34）：225-227.

［19］王大明. 家庭农场助推农业数字化转型发展的模式与对策［J/OL］.西华师范大学学报（哲学社会科学版）.2023（6）：70-75.

［20］王有江，印遇龙，李思婷.芳香中药学［M］.北京：科学技术文献出版社，2023.

［21］李思婷，王有江，麻浩珍.药方食谱集锦［M］.北京：科学技术文献出版社，2023.